CB040372

A escritura e a arte na era da inteligência artificial

Apoio

Philippe Willemart

A escritura e a arte na era da inteligência artificial

Novas abordagens para o Antropoceno

ILUMINURAS

Copyright © desta edição
Philippe Willemart

Copyright © desta edição
Editora Iluminuras Ltda.

Capa e projeto gráfico
Eder Cardoso / Iluminuras

Revisão
Monika Vibeskaia

O presente trabalho foi realizado com apoio da Coordenação de Aperfeiçoamento de Pessoal de Nível Superior – Brasil (CAPES) – Código de Financiamento 001

CIP-BRASIL. CATALOGAÇÃO NA PUBLICAÇÃO
SINDICATO NACIONAL DOS EDITORES DE LIVROS, RJ
W683e

    Willemart, Philippe, 1940-
        A escritura e a arte na era da inteligência artificial : novas abordagens para o antropoceno / Philippe Willemart. - 1. ed. - São Paulo : Iluminuras, 2025.
        160 p. ; 21 cm.

        ISBN 978-655519-261-2

        1. Willemart, Philippe, 1940- - Crítica e interpretação. 2. Escrita criativa. 3. Inteligência artificial. 4. Arte - Filosofia. I. Título.

25-98369.0   CDD: 809.4
                      CDU: 82.09(81)

    Gabriela Faray Ferreira Lopes - Bibliotecária - CRB-7/6643 W683e

ILUMI//URAS
desde 1987

Rua Salvador Corrêa, 119 — 04109-070, Aclimação — São Paulo/SP — Brasil
Tel./ Fax: 55 11 3031-6161
iluminuras@iluminuras.com.br
www.iluminuras.com.br

Para Almuth Grésillon que definindo
o conceito de "scriptor" (*Langages*, 1969)
abriu o caminho para construir
a roda da escritura, presto homenagem

Agradeço Roberto Zular e Michel Peterson
para seu olhar crítico que precedeu este ensaio

Lúcia Ribeiro, primeira leitora,
pelas sugestões e a revisão dos textos

Sumário

Prefácio, 11
Roberto Zular

Prólogo, 17
Michel Peterson

Introdução, 23
Philippe Willemart

PARTE UM
O MANUSCRITO, OBJETO DOS EXPLORADORES, 29

A escritura, estrela terrestre, reflexo da Terra, estrela radiante do Universo, 31

O escritor, criador de esferas, 47

O impacto da composição sobre o escritor, 57

Impacto da escritura sobre o escritor, 67

Impacto da leitura no leitor e no pesquisador, 81

O poder do cérebro, suporte do implausível, 95

Como provocar o espanto e cavar a finitude no leitor?, 105

PARTE II

TEMPO, MEMÓRIA, SIGNIFICANTE, 115

Tempo e memória em árvores e nos seres humanos, 117

Repensando o significante com o Saussure de 1891, 133

Envio, 145

Gênese do ensaio, 147

Bibliografia, 149

Índice de autores e conceitos, 155

Prefácio

As múltiplas esferas dos manuscritos

Roberto Zular
Universidade de São Paulo

Em a *Escritura e arte na era da inteligência artificial*, Philippe Willemart cria um amplo leque de desdobramentos que às vezes parecem vertiginosos, mas que no fundo não são mais do que a busca de compreender o que está em jogo no ato de escritura pensada em um sentido mais amplo. Como já alertava Paul Valéry, se pensarmos em tudo que é preciso para que realizemos qualquer um dos nossos mais ínfimos atos cotidianos, rapidamente nos darmos conta de tudo o que está em jogo para que falemos uma simples frase compreensível ou, mais ainda, de tudo o que é preciso para que um poema de Baudelaire surja diante de uma página em branco.

São mesmo quase infinitas variáveis que podem ser relacionadas de infinitas maneiras. E é isso o que torna a escritura uma "estrela radiante do universo". Sim, Willemart dá um extraordinário alcance à invenção da escrita e, sobretudo, à escrita de invenção. Trata-se, aparentemente, de um pequeno ato, mas que muda toda a forma de habitarmos o universo e não só de compreendê-lo. No entanto, tamanho alcance é (ou deveria ser) proporcional com a responsabilidade que essa forma de criação nos impõe diante do Universo. Este livro parece nos dizer que ainda não estamos à altura daquilo que inventamos.

Mais do que isso, não só não percebemos o quanto somos feitos de escritura, como nos deixamos levar pelo canto das sereias da Inteligência Artificial. Sem dúvida, a IA é um belíssimo e potente canto, mas que, como esse livro busca mostrar, ainda parece estar longe de produzir a força de ruptura, invenção, imprevisibilidade, associação, acoplagem corporal que o simples gesto da escritura, ao longo de milênios, mostrou ser capaz de fazer.

Como se vê pelos parágrafos anteriores, a escritura nos coloca não só diante dos desafios da arte, mas dos desafios do antropoceno (o lugar hegemônico do humano na constituição da terra), ao colocar em questão o quanto o antropoceno está ligado às ilusões da inteligência artificial e de que modo uma tecnologia aparentemente tão defasada como a escrita pode nos ajudar a pensar a relação entre o nosso modo de habitar a terra e o mundo digital.

Nesse ponto, veja-se como no primeiro capítulo da segunda parte, a partir da escritura, somos levados a repensar as dinâmicas da criação humana em estreita relação com o modo como as árvores se comunicam em uma floresta por redes complexas de camadas de trocas de materiais, assim como acontece com um escrito que se liga a um outro escrito, às correntes de palavras, às camadas históricas da linguagem, à gramática, às formas, às sonoridades, aos ritmos, enfim, às quase infinitas variáveis de que falava Valéry e através das quais somos falados pelo ato de escrita.

Esse ato (ou seria mais correto dizer essa série de atos interconectados) tão próximo do mundo natural quanto das invenções artificiais produz ainda novos modos de existir, de ver, de criar. É como se Willemart fizesse coro a Clarice ("Nunca tive um só problema de expressão, meu problema é muito mais grave: é o de concepção") como se ao criar, não fossem apenas novas possibilidades combinatórias entre as palavras que se produzisse, mas um outro modo de se relacionar com o universo, uma outra camada da existência que o fazer humano traz para a vida.

Sei que não é raro nos depararmos com uma imagem sombria do futuro que nos aguarda, mas Willemart mantém teso o arco da promessa da potência e da beleza da aventura humana, sobretudo quando ligada ao gesto desbravador do porvir. "A poesia — toda — é uma viagem ao desconhecido" como poderíamos dizer em coro com Maiakóvski. E para o nosso autor é esse futuro que paradoxalmente funciona como causa, como um vir a ser que já é e que se constitui como elemento intrínseco a qualquer ato criativo sempre movido por aquele "livro futuro", o desejo de ouvir o inaudito que nos move.

E aqui vale a pena ressaltar que não se trata apenas da escritura manuscrítica literária, mas da noção de escritura tomada em amplo sentido, envolvendo a escrita verbal, numérica ou digital, se desdobrando em tela, pintura, escultura, voz ou partitura, entre tantas inúmeras outras possibilidades existentes ou que virão a existir envolvendo inscrições, rastros, gravações, programações, enfim, tudo aquilo que dobra o humano sobre o próprio processo ou mais uma vez com Valéry, tudo aquilo que envolva os rastros de "uma transformação que tem a transformação por objeto".

Como o leitor notará também e o próprio Willemart anuncia, trata-se ao longo dos capítulos de um longo comentário via escritura das esferas de Sloterdijk. E aqui a metáfora funciona maravilhosamente, pois, como vimos, trata-se de esferas dentro de esferas que procuram perfurar as bolhas de nossas especialidades, dos lugares comuns e de nossas crenças narcísicas. Isto é, trata-se, sim, da criação de uma esfera (a própria escritura que está para a linguagem como uma membrana para a célula), mas de uma esfera capaz de fazer estremecer todas as outras.

As esferas de Sloterdijk funcionam assim como uma ampliação das rodas da escritura e da leitura, como possibilidade de se colocar na escrita, deixar-se levar por ela, ocupar posições ficcionais, aceitá-la ou rejeitá-la. Mas neste momento do pensamento de Willemart temos uma novidade: há um lugar próprio em que a roda da leitura engaja o leitor tornando-o escritor ou crítico e, em especial, crítico genético. Um leitor-escritor (posição antes ocupada pelo próprio escritor-leitor) que desdobra a escritura em crítica. No fundo, a posição de escrita, ainda que bombardeada por máquinas internas e externas de repetição, é uma escola do espanto e esse espanto, curiosamente, se dá pela possibilidade de se deixar levar pela escritura e permitir que ela funcione como lugar transformação.

No caso das artes verbais, entre essas esferas, ganha muita relevância a dimensão da linguagem sobretudo como reinventada pelo manuscrito de "A essência dupla da linguagem" de Saussure. Nesse sentido, é incrível o que Willemart desenvolve a partir de uma simples hipótese saussureana: bastariam duas sílabas (e apenas duas) para que se pudesse desdobrar todas as consequências do funcionamento da linguagem. Se tivéssemos apenas "bá" e "lá" traduziríamos o mundo em "bá" e "lá" de tal modo que o campo de significação desses significantes tão reduzidos se formularia com uma possibilidade quase infinita de significados. Mas se a essência da linguagem é dupla e não existe significante sem significado isso nos levaria a mostrar facilmente o quanto o equívoco e pluralidade de significação são constitutivos do modo como falamos e escrevemos.

E é com esse aspecto equívoco e múltiplo do signo que os escritores deitam e rolam com a linguagem, fazendo ela dizer para além do que a cultura e a civilização obrigam a linguagem a dizer. Nesse ponto, a rasura se torna crucial: ela é uma espécie de redução significante do gesto de escrita em "bá" e "lá", este ou aquele modo de seguir a escritura que abre o manuscrito (físico ou digital) para a pluralidade de significação e permite um desdobrar também do significante que produz nuances e mais nuances imprevistas e espantosas.

Essa ênfase na multiplicidade e na pluralidade (plasticidade, poderíamos dizer!) também conduz o nosso autor às descobertas recentes da neurociência, permitindo colocar o cérebro como parte (causa e efeito) dessa extraordinária invenção da escrita, pela escrita. Mesmo porque, como aponta Willemart, o funcionamento do cérebro tal como descrito recentemente pelos neurologistas se mostra muito mais próximo do processo de escritura do que poderíamos imaginar. Como se a escrita fosse uma espécie exocérebro, como a teia de uma aranha, que é a continuação do cérebro por outros meios.

Dessa pequena apresentação, creio que já ter deixado claro ao leitor que ao longo deste livro não é a cosmologia, a astronomia, a neurologia, a linguística ou filosofia que servem de metáfora para a escritura. Trata-se exatamente do contrário. Depois de anos convivendo com os processos de criação, Willemart toma a escritura como — ela sim — uma metáfora para pensar o universo que nos circunda e que ela coloca em jogo.

Isso porque é todo o universo que conspira para que um simples ato de escrita seja possível (se voltarmos à afirmação de Valéry). O universo não é um tema ou um objeto da escritura, ele é a sua própria condição de possibilidade.

Desse modo, a escritura funciona por interconexão e a possibilidade de produzir sempre novas relações. Produz diferentes temporalidades e não se submete a uma causalidade linear. Ela amplia a acoplagem com o corpo (do qual o cérebro é parte, não esqueçamos), produzindo ainda outras e inesperadas conexões. Como uma pele de palavras ou o vestido de nossas emoções ela amplia o universo trazendo ritmos novos, histórias novas, cálculos novos. E ainda abre outras possibilidades de acoplar o pensamento com o mundo, servindo como um meio de explorar outras formas do real sejam elas interiores ou exteriores. O processo de escrita ao internalizar suas próprias condições de produção permite deslocar um regime de determinação unívoca do ser, abrindo sendas de indeterminação, de questionamento de nossas ontologias e do que entendemos por cultura. A escrita é essa bolha que faz tremer todas as outras bolhas.

E é pela escrita, tomada em sua complexidade, que poderemos encontrar uma metáfora poderosa de compreensão não só do mundo, mas do modo como as máquinas humanas (linguagem, escrita, inteligência artificial) permitem (ou não) essa emergência de novas conexões, enfim, de novos universos. Manter viva a potência desse ato (de escrita), como de nossos atos em geral, embora seja apenas uma das contribuições radicais deste livro, já seria o suficiente para nos fazer experimentar a aventura de escrever como um outro modo de desdobrar a aventura de viver.

Prólogo

Michel Peterson
Montréal

Leitores, vocês vão acompanhar aqui um épico que começou há muito tempo. Em 3400 aC, com seus pictogramas, os sumérios tiraram definitivamente a humanidade da pré-história. Ao mesmo tempo, entramos em uma narrativa que nos levou, com a fantasia de crescimento infinito, mas de imensa brutalidade, até a extinção talvez muito próxima do Homo habilis. A menos que haja uma revolução política e poética sincera, estamos de fato entrando em uma era cada vez mais mortal. Felizmente, nos prometem, a inteligência artificial finalmente comporá uma Nova História para nós. Agora poderemos permitir que as máquinas usem suas ferramentas formidáveis para *escreva para nós*. Um anúncio anunciou recentemente: "Produza texto na velocidade da luz!", descrevendo a maravilha da seguinte forma: "Escreva textos de várias centenas de palavras em menos de 2 minutos com a ajuda da inteligência artificial: sua estratégia editorial com esteroides".[1] Fundada em 2015 por Elon Musk, Sam Altman e Ilya Sutskever, a OpenAI, uma empresa californiana impulsionada por imensa generosidade para conosco, tinha como missão nada menos do que "garantir que a inteligência artificial beneficie toda a humanidade". É a partir de 2020 que o acesso ao GPT-3, o modelo de processamento de linguagem natural (NLP) mais poderoso projetado até hoje, é comercializado. Variantes e aplicativos agora estão se multiplicando,

[1] O robô reage na velocidade de alguns milissegundos a alguns minutos e não a 300.000 quilômetros por segundo, a velocidade da luz.

de InstaText a WorldTune, Neuroflash, Al Writer ou Smodin Auteur que promete reescrever seu texto corretamente, ou mesmo reformulá-lo, melhorar sua legibilidade e, se necessário, parafraseá-lo "perfeitamente". Se você está procurando a melhor ferramenta para conteúdo curto ou texto longo, para escrever blogs, formulários, marketing, redação Diário, correção, formulários, vendas, recrutamento, e-commerce, tudo agora parece disponível e possível.

Entendemos a importância para a literatura debates que a inteligência artificial (IA) pode desencadear. Mas se o livro de Philippe Willemart leva isso em consideração em várias ocasiões e de vários ângulos, implícita ou obviamente, ele se coloca em outra altura ou, em qualquer caso, vislumbra um horizonte muito mais amplo. Ao ouvir o título ressoar, a pessoa se sente transportada para uma paisagem mística que lembra Novalis, Mallarmé ou Pierre Teilhard de Chardin. Desde o início: "Assim, o lugar da Terra no Universo, portanto, o lugar da escritura entre todas as atividades do homem. Incluindo na escritura, as artes definidas como escritura em pedra, tela, tela, voz ou a partição e invenções de novas formas de pensar ou abordagens da realidade, incorporando assim a técnica, colocarei essas atividades no ponto mais alto de uma escala de magnitudes porque nos permitem 'ver' de forma diferente, sair dos hábitos, 'existir melhor e criar algo novo'. O projeto, no entanto, é menos para sair da trilha batida ou para alcançar uma síntese hegeliana do que para se abrir para os fios do Multiverso. No campo da teoria literária, todos os capítulos constituem ao meu ouvido um verdadeiro "salto de pensamento" (uso a expressão do psicanalista François Peraldi) no sentido de que a escritura, como na obra de Jacques Derrida, é sempre já um arco-escritura que gera *também* Fala e voz *assim como* digital. Embora possamos ser cautelosos com a instrumentalização tecno-autoritária da vida humana pelos gigantes da web, também devemos contar — essa é uma de nossas únicas esperanças? isso ainda precisa ser avaliado — sobre a fertilidade do escritor, que não se limita às formas tradicionais do Livro: "Embora muitas vezes ele não saiba o caminho a seguir", continua Philippe Willemart, "ele acabará com a criação de uma esfera, espera uma pousada segura que abrigue e preocupe o leitor. O escritor e o artista Tornam-se assim, contra o capitalismo de vigilância, "suportes do implausível", abrindo a possibilidade de uma briga, de uma extravagância necessária. É por isso que eles brilham como estrelas que não estão mortas, como tendemos a acreditar.

Philippe Willemart é, portanto, ele próprio um explorador que há tempo tem produrado pacientemente os porões e sótãos dos escritores, que explora as cavernas mais fantásticas e profundas e muitas vezes retorna com maravilhas manuscritas — esses textos escritos à mão no papel, mas hoje em novos suportes. É por isso que estuda — dinâmica transferencial por excelente, como é a de todo leitor — este objeto com virtudes mágicas que o fascina há tanto tempo, o que lhe permite desde o início abrir-se à imensidão e ao mais íntimo, aos infinitesimais e aos sistemas cósmicos. Se escrever é assim pensado Como "objeto de exploradores", é porque provoca invenção, nos convida a descobrir áreas de existência desconhecido sem ele. Não é nada mais e nada menos do que a dinâmica da criação que está em jogo na cartografia aqui proposta, que leva em conta o nó inconstante das ciências, como os escritores são chamados a fazer: "Ao censo científico do espaço externo ao qual o próprio navegador foi obrigado, corresponde o dever do escritor de não ignorar as novas abordagens das ciências da terra e das estrelas às ciências humanas que não devem mais ser consultadas na Enciclopédia do Iluminismo do século XVIII, mas mais simplesmente na Internet. Philippe Willemart, portanto, assume o risco calculado porque é menos extravagante do que parece ler Saussure com a meticulosidade pela qual ele é conhecido à luz do trabalho de Richard Powers, biologia e neurociência, o que o levou a questionar a proposta de uma linguagem de duas sílabas para repensar nada menos que o significante, cujas consequências podem ser medidas pela leitura destas páginas. Para conseguir esses loops, era necessário ter a coragem de Noé, ou seja, construir a própria casa, uma arca de ser acolhedor de estranhos que passavam em sonhos.

Longe das imposturas intelectuais denunciadas por Sokal e Bricmont de forma paródica — fraudes que se encontram tanto nas ciências humanas e sociais quanto nas chamadas ciências "duras", como evidenciado pelo caso Jan Hendrick Schön — Philippe Willemart explora pacientemente o desconhecido ou, melhor dizendo, o Impossível, ou seja, o Real a que a literatura dá acesso. Seu trabalho não pode deixar de me lembrar o do físico David Bohm, que não hesita em colocar as teorias de sua disciplina em diálogo com a psicologia e a espiritualidade, a ponto de discutir com Krishnamurti e o Dalai Lama. Porque Philippe Willemart não teme os limites do pensamento, ele procurou desenvolver um novo espaço para a teoria literária que tomasse nota da "vida real", para usar a expressão que ele pegou emprestada de Proust e que, diz ele, "faz parte de todos". Isso é o que para o escritor-atleta é chamado de sobrevivência, corpo e psique trabalhando juntos para superar a resistência que poderia desencorajá-lo de alcançar o improvável. Isso também responde ao imperativo de "mudar *dele* vida" e ainda mais, para mudar *o* vida. Isso significará, entre outras coisas, levar em conta todas as memórias, aquelas que se manifestam através da linguagem, bem como aquelas que emergem dos abismos dos sentidos e, consequentemente, transmitir enraizando o múltiplo do múltiplo na paisagem de todos os reinos e todas as esferas, as dos cérebros e estrelas e depois dos humanos, animais, plantas e mitos. Antígona, que reencontraremos neste livro, pode então encontrar seu próprio grito inaudível para transformá-lo em uma canção que une a amplitude da matéria e de outros mundos.

É por isso que Philippe Willemart nunca cai na ideologia da aventura que, de acordo com Michael Nerlich, estrutura o próprio espírito da modernidade e começa com a Idade Média e se desdobra com força durante a Revolução Industrial como uma atualização do Iluminismo. Na verdade, ele convoca o ato do escritor que o comanda, se ele quiser imaginar o futuro, a nunca mais *esquecer* a tradição de sua arte, para apelar para a linguagem e ao Outro (isso será, em sua concepção, através da rasura), para permanecer aberto ao Aberto, mantendo-se o mais próximo possível de *Isso* que se encontra no fundo do homem e atua como um sinthoma. Mas isso sem nunca ir para o lado da psiccrítica à la Charles Mauron ou para a crítica temática desenvolvida por Jean-Paul Weber, perspectivas que são, no entanto, extremamente ricas. É que a máquina elaborada pelo escritor, a saber, A Roda da Escritura, desperta a voz de Édipo e nos trazer de volta, como o ciclo de *Finnegans Wake* em *ponto de* partida.

Fechando o livro do geneticista Philippe Willemart, eu tinha em mente adaptar uma famosa fórmula de um outro montante para condensá-la da seguinte forma: "Belo como o encontro de Lacan com Sloterdijk numa mesa". Porque várias dessas páginas foram capazes de me surpreender literalmente, entre outras coisas porque eu estava esperando — talvez não fiquemos tão surpresos — *Žižek* em vez de Sloterdijk, nietzschiano de esquerda, como agora é chamado. Então li com espanto, como há muito admirava *Crítica da Razão Cínica*, que precisamente desdobrou os fundamentos da necropolítica pós-capitalista na qual entramos de frente. Nesse contexto, vi neste livro sobretudo um chamado à escritura e às artes porque elas trabalham para uma possível modificação do mundo e lutam contra o fim da História. O escritor é um materialista pragmático cujo horizonte é um devir. É assim que ele está em sintonia com todos os prodígios do Desconhecido.

Resta um ponto essencial a sublinhar, que diz respeito à retirada a que o escritor deve submeter-se para se envolver no seu trabalho. Ele "não deve apenas ficar em silêncio e retirar-se do mundo para escrever, mas também e de antemão, recusar os costumes, maneiras de ser ou hábitos que foram gradualmente incrustados no curso de sua educação". Esse imperativo categórico é mais verdadeiro hoje do que nunca, agora que, para o bem ou para o mal, nossas mentes estão saturadas com a tagarelice universal que induz o déficit de atenção e a ansiedade estrondosa em muitos humanos. Desfaça-se… em vista do silêncio… Concorde com o ascetismo, se necessário. Para conseguir isso, uma condição, por assim dizer, *acrobático*. Permita-me citar o autor uma última vez quando ele especifica que "requer um distanciamento progressivo do que é chamado de civilização" e, portanto, uma inscrição na História e uma genealogia. É por isso que ele lembra as palavras de Victor Hugo: "Eu quero ser Chateaubriand ou nada". Devo confessar aqui que essa exigência, encontrada aqui, eu a guardo dentro de mim desde a minha infância, enquanto minha mãe me ofereceram o volume da coleção Les Grands de tous les Temps dedicada ao autor de *Les Misérables*. Eu permaneci apaixonado por este livro. Sem dúvida, todos nós navegamos pelas eras da humanidade estando mais ou menos conscientes dos traços que nos precedem e nos atravessam. Ora o escritor, voltando às rasuras do tempo, ele mesmo retornando, toca assim com seu texto as estrelas que virão.

Introdução

Philippe Willemart

Até que se prova o contrário, e o Telescópio Espacial James Webb ainda não o negou, a Terra ainda é o único planeta do Universo povoado por seres que desenvolveram um cérebro inteligente o suficiente para ter consciência de si mesmo.[2] O paradoxo de Fermi que sugere que muitas civilizações extraterrestres tecnologicamente avançadas deveriam existir, continua sem solução.[3]

---

[2] Lançado ao espaço no sábado, 25 de dezembro de 2021, o telescópio James Webb, sucessor do Hubble, despertou grandes esperanças na comunidade científica. Financiado pela NASA, pela Agência Espacial Europeia e pela Agência Espacial Canadense, o telescópio pretendia revolucionar a observação espacial. Para ver mais longe no universo, você tem que passar pelo infravermelho. Para quê? Porque com a distância das galáxias causada pela expansão da luz, as luzes dos objetos celestes se deslocam para o vermelho. Um fenômeno chamado *"Desvio para o vermelho"* em inglês. Com suas capacidades infravermelhas, o JWST (James Webb Space Telescope) pode, portanto, observar mais adiante no espaço e, portanto, ao longo do tempo, até 13,5 milhões de anos atrás, ou, o gênesis do universo. *Maxisciences*, 12 de dezembro de 2022.

Na tentativa de descobrir novas formas de vida, os cientistas estão examinando as bioassinaturas nas atmosferas dos exoplanetas. Graças aos dados do Telescópio Espacial James Webb, metano e CO2 foram descobertos no K2-18b, um planeta rico em água e localizado na zona de habitabilidade. Esta é uma de suas missões: detectar possíveis vestígios de vida em exoplanetas. O termo "potencial" é importante, porque quando falamos de vestígios de vida, não se parecem com homenzinhos verdes, é claro, ou mesmo organismos vivos reais — pelo menos, ainda não chegamos lá. Na realidade, o que procuramos acima de tudo é água. Porque temos água em nossas casas e precisamos dela. Portanto, é mais fácil encontrar a vida como a conhecemos. Isso não significa que a vida necessariamente precise de água no Universo, mas é bom... A água é uma molécula com grandes propriedades... É um super solvente, enfim, temos muitas razões para pensar que a água é necessária para a vida. Rádio-França, 2023.

[3] Só podemos apresentar hipóteses como o narrador de *Sidérations*, Richard Powers, 52, 2021.

Assim, como o lugar da Terra é no Universo, assim, o lugar da escritura entre todas as atividades do homem. Incluo na escritura, as artes que podem ser definidas como escrituras em pedra, tela, gesto, voz ou partitura e as invenções de novas formas de pensar ou abordagens do real, incorporando assim a técnica, colocarei essas atividades no ponto mais alto de uma escala de magnitudes porque nos permitem "ver" de forma diferente, sair dos hábitos, "existir melhor" e criar algo novo. Neste ensaio, vou me concentrar na escritura, na qual venho trabalhando há muito tempo.

Como pude enfatizar com tanto vigor a importância e a essencialidade da escritura?

A epopeia, que não está prestes a terminar, começou durante um pós-doutorado no Instituto de Textos e Manuscritos Modernos (ITEM) que Louis Hay e sua equipe de germanistas haviam fundado nos anos 70.[4]

Tendo levado um ano para decifrar as cem páginas manuscritas do primeiro capítulo de dez páginas publicadas do conto de Gustave Flaubert, *Hérodias*, percebi o enorme trabalho desse escritor lutando com sua história, a do povo judeu e de seu país para escrever esse conto; devo dizer antes, para se livrar dessas três histórias e ver o nascimento de sua obra-prima.

A mesma observação foi feita para Marcel Proust que encheu setenta e cinco cadernos com rascunhos e vinte cadernos datilografados, também muito rasurados para preparar *Em busca do tempo perdido* e para Henry Bauchau que escreveu duas ou três versões para cada um desses romances.

Em 1985, junto com colegas da Universidade de São Paulo, fundamos a Associação de Pesquisadores em Crítica Genética. Desde então, a APCG publicou a quinquagésima quinta edição da revista *Manuscritica* e organizou seu XVI Congresso em São Paulo em 2024.

Isso mostra o enorme e fundamental lugar que a escritura sendo escrito ocupa em minhas atividades como crítico.

O confronto da obra do filósofo alemão Peter Sloterdijk à crítica genética orientou a maioria dos capítulos da primeira parte. Surpreso de fato com as possíveis conexões entre a posição do escritor que mergulha tanto em

---

[4] O ITEM tornou-se "uma unidade de investigação do Centro Nacional de Investigação Científica e da École normale supérieure que se dedica ao estudo da gênese da obras da mente a partir dos traços empíricos deixados durante o processo criativo." <http://www.item.ens.fr/thematique/>.

seu cérebro do que nos acontecimentos que o cercam para escrever e dos exploradores que, de Magellan aos astronautas de hoje, exploraram novos continentes no planeta Terra no século XVII e fora dele nos séculos XX e XXI, cavei a metáfora e tirei as consequências tanto para o escritor quanto para o leitor.

Era iniciar a descrição do Universo Antropoceno no nível micro e macroscópico para destacar os resultados e medir suas consequências, como, por exemplo, as decorrentes da invenção da inteligência artificial (IA) e distinguir o que caracteriza o ser humano.

A maioria dos defensores da IA provavelmente argumentará o contrário e verá os robôs como o futuro da humanidade. A IA é obviamente de grande ajuda para o homem na maioria de suas atividades, mas raramente, ou nunca, os robôs substituirão os humanos na criação poético ou artístico. (Willemart, 2021, 49-108)

Recolocar os modelos de linguagem em seu devido lugar nas mentes e na cultura da mídia, destacando o que faz a essência do homem, sua imprevisibilidade e sua indeterminação, e assim reforçar o implausível da escritura, definirá as formas deste ensaio.

Em nenhuma circunstância e apesar das previsões de Yann Le Cun e Sam Altman, o GPT5 ou outros, apesar de sua memória extraordinária, serão capazes de superar seu determinismo matemático e inventar algo novo que não seja computável por definição. O poder do cérebro, que muitas vezes toca no inacreditável, (Nicolelis) não é medido pela quantidade de informações que contém, mas por sua capacidade de reorganizá-las de uma nova maneira. Basta pensar na equação fundamental da teoria da relatividade de Einstein, $E = mc^2$, que apenas reconsiderou as relações de forças que, no entanto, eram conhecidas, a velocidade da luz, a energia e a massa.

O escritor, portanto, se propõe a tarefa de trazer à existência um "livro futuro" trabalhando as palavras, com base em situações que não são necessariamente inventadas, mas relacionadas de maneira diferente. Embora muitas vezes ele não saiba o caminho a seguir, ele acabará com a criação de uma esfera, uma espécie de pousada de segurança que abrigará e preocupará o leitor.

A composição do "livro futuro" não deixará o escritor ileso. "As palavras são as vestes da emoção", enfatiza o poeta senegalês Souleymane Diamanka; portadores de afetos, o novo livro mudará o escritor que se tornou autor e, sem dúvida, terá consequências inesperadas, visíveis na criação não apenas de um estilo, mas também e ao mesmo tempo na reabilitação de áreas cerebrais. (Cyrulnik, 2020, posição 3052 e Le Cun, 2019, 364)

Consolidando o escritor e o artista como suporte do improvável, nos perguntaremos que meios eles empregam para criar o que Sloterdijk chama, depois de Nietzsche, uma escola de espanto que, segundo Quignard, terá como objetivo mergulhar na finitude do leitor e do pesquisador.

No primeiro capítulo da segunda parte, incentivada pela leitura de *L'arbre monde* por Richard Powers, pude entender até que ponto, muito antes do Antropoceno, as árvores e os humanos compartilhavam os conceitos de tempo e da memória, cada um à sua maneira, como a memória das árvores às vezes se estendia por séculos e poderia ser comparada aos "memoriais", depósitos de nossos sonhos, de nossos atos falhos e de nossos sintomas (Moscovici) que funcionam sem nosso conhecimento, como o significante com múltiplos sentidos não é reservado ao homem, mas também em menor grau ao animal em sua consciência primária, como a memória no homem se revela construída, incompleta, não confiável, material da arte, (Sidarta Ribeiro, Pascal Quignard) e inventada quando necessário (Proust), ao contrário dos modelos de linguagem fieis à sua gigantesca memória arquitetada desde o início.

No segundo capítulo desta parte, relendo o manuscrito *A dupla essência da linguagem* de Saussure redescoberto em 2006, eu me pergunto o que significa "apreender racionalmente a língua" e como salientar "sua importância", o que me leva a questionar o significante em sua correspondência com a realidade, a elevar o significante "rasura" à categoria de signo linguístico saussuriano e a repensar sua extraordinária proposta de criação de uma nova língua a partir de dois fonemas. Elemento linguístico que Lacan diz desconhecer, o fonema é, no entanto, a base de seu conceito de "lalíngua" e reúne pesquisadores, psicanalistas e escritores em suas consequências.

Em conclusão, eu me pergunto sobre o "brilho" do autores e por quanto tempo sua escritura permanecerá uma estrela para a humanidade e se ela indica uma saída para o Antropoceno.

Finalmente, em um pós-escrito dirigido aos geneticistas, tento traçar a origem ou a gênese deste ensaio, embora sabendo quão pouca confiança o crítico deve ter no autor que não sabe exatamente o que está fazendo.[5]

Esperando ler seus comentários e perguntas em: plmgwill@gmail.com, boa leitura para todos.

---

[5] Numerosas notas de rodapé foram adicionadas após as leituras que se seguiram à "última versão", sempre ilusória, testemunho do leitor ávido que assina este ensaio.

PARTE UM

O MANUSCRITO, OBJETO DOS EXPLORADORES

CAPÍTULO 1
A ESCRITURA, ESTRELA TERRESTRE, REFLEXO DA TERRA, ESTRELA RADIANTE DO UNIVERSO[6]

Terram etiam inter sidera collocant,
Eles até colocam a Terra entre as estrelas celestes.
Philippe Mélanchthon
(1497-1560),

Desde a descoberta do heliocentrismo por Copérnico (1473-1543), os globos celestes e terrestres "simbolizavam [...] o mundo do conhecimento e o conhecimento do universo" (Sloterdijk, 2010, 65). Após o desaparecimento do globo celestial por volta de 1830, como resultado de descobertas científicas que observavam o globo terrestre de dentro e não mais de fora como o Deus do globo celestial, Sloterdijk refutou:

O mito, lançado por Freud, o suposto vexame cosmológico do "narcisismo" humano[7]: verdadeiramente, a virada copernicana na cosmologia teve, considerada globalmente, um efeito de aceleração da consciência dos europeus como um todo, e não se pode falar seriamente de um vexame duradouro por descentralização astronômica. O copercianismo emancipou a Terra para torná-lo uma estrela entre as estrelas; antes, como Blumenberg mostrou,

---

[6] Publicado em *Arquivos, genealogias e criação, Cecíla Salles e a construção de uma teoria contemporânea,* Org. Paula Martinelli e Vincent Colapietro, São Paulo, Gênio criador, EDUFES, 2024, 104-127.
[7] Sloterdijk alude ao texto *Uma dificuldade de análise*"A posição central da Terra era uma garantia de seu papel predominante no universo e parecia estar em harmonia com sua tendência de se sentir o senhor deste mundo. A ruína dessa ilusão narcísica está conectada para nós ao nome e a obra de Nicolau Copérnico no século XVI. Os pitagóricos, muito antes dele, tinham dúvidas sobre essa situação privilegiada da Terra, e Aristarco de Samos, já no século III a.C., declarou que a Terra era menor que o Sol e que deveria se mover em torno dessa estrela. Assim, até mesmo a grande descoberta de Copérnico já havia sido feita antes dele. Mas quando ela obteve o consentimento geral, o amor — experiência humana sua primeira humilhação, a *cosmológico.*"

ele a elevou à categoria de única estrela a merecer esse nome, porque agora se apresenta como o corpo celeste transcendental que, como condição da possibilidade de observar os outros corpos celestes, irradia sobre todos os outros. [...] A Terra Única vale todo o resto do céu. (Sloterdijk, 2010, 67)

Esta citação de mais de 10 anos atrás é cada vez mais verdadeira. Três naves espaciais de três países diferentes, Estados Unidos, China e Emirados Árabes Unidos, foram lançadas para o planeta Março em janeiro de 2021. Estas expedições, que se assemelham às de Magalhães do século XVI na sua audácia e nos meios técnicos utilizados, sublinham o valor do planeta Terra e sua posição como estrela radiante no Universo. Embora não esteja mais no centro do Universo como os homens pensavam antes de Copérnico, o planeta Terra permanece central no sentido de que é o único planeta até prova em contrário que contém seres pensantes.

Neste capítulo, gostaria de estender o ponto de vista de Sloterdijk, para retornar às frases-chave enunciadas por Freud e Lacan sobre a situação do homem em relação ao universo de Copérnico, Darwin e Edelman, desenvolver os impactos dessa reversão na roda da escritura[8] e, finalmente, sublinhar a extensão do lugar ocupado pelo escritor neste contexto.

Não podemos estender a observação de Sloterdijk sobre "a consciência de se acelerado" considerando a teoria do heliocentrismo descoberto por Copérnico? O homem não mais se limitará mais à pessoa que emerge em sua vida diária, mas terá que se tornar cada vez mais consciente de sua pertença aos reinos animal e vegetal[9] e suas ligações com o sistema planetário.

O fato de sermos parentes do macaco e de nossa espécie ter começado na forma de um peixe (Wessenbach, 2004) não nos rebaixa, mas, pelo contrário, nos torna conscientes de que carregamos a evolução dentro de nós. [10]

---

[8] Ver sua descrição no capítulo.

[9] Você e a árvore do seu jardim vêm de um ancestral comum. Há um bilhão e meio de anos atrás, seus caminhos divergiram. Mas ainda hoje, depois de uma imensa jornada em direções separadas, você compartilha um quarto de seus genes com esta árvore. Powers 2018, 206.

[10] Somos por isso o ponto final da evolução? Michel Houellbecq em *A possibilidade de uma ilha*, pressupõe que os humanos na Terra serão substituídos por "Futuros", seres que esperam ser "perfeitos", cuja "civilização [talvez] seja construída pela interconexão progressiva de processadores cognitivos e de memória (Juncker, 2020) ou por robôs de silício que nos tratarão como selvagens. (Houellbecq, 2020). Esta posição é veementemente refutada por Nicolelis: "admirador de nosso Verdadeiro Criador de Tudo, o cérebro. 2021, 8. Por outro lado, Ursula K. Le Guin imagina em *A Mão Esquerda da Noite* a existência

No mesmo sentido, Gerald Edelman diferencia a consciência primária pouco acessível à nossa vontade e comum aos primatas da consciência superior, que entretanto depende também dos processos químicos e elétricos da consciência primária.[11] acentuando assim nossos vínculos com outras espécies e o meio ambiente.

Essa subjugação não aprofunda a servidão do homem ao universo, fazendo-nos entender que fazemos parte de uma cadeia que nos conecta não apenas aos seres vivos do reino animal e vegetal, mas à matéria que constitui o planeta?, madeira, pedra, minério, gases, líquidos, a própria terra, átomos, etc.? Isso é o que Proust fortemente enfatizado no episódio da doença da avó do herói em contato com bactérias, os elementos originais do Universo.[12] Seja qual for nosso posicionamento, anti ou pró-ecologista, somos parte do ambiente no espaço e no tempo.

O inconsciente freudiano enquanto recoloca o ego no seu lugar, não enriquece a complexidade do ser humano dando-lhe uma dimensão imaginária, a dos sonhos, que amplia nosso ser, dando-lhe um mundo mais vasto sob a aparência de ficção, além da razão, dos sentimentos e da chamada realidade?

Somos falados e não falamos como queremos, sentencie Lacan, insistindo assim em nossa submissão à linguagem e suas estruturas nas quais nascemos.

no futuro dos seres hermafroditas resultantes da manipulação genética de Terráqueos, vivendo em um planeta distante de vários anos-luz da Terra, a Gethen-Nivose. "Os seres normais não têm predisposição para o papel masculino ou feminino, eles nunca sabem qual deles vão desempenhar e não podem escolher. Uma vez determinado, o sexo não pode mudar durante o período do kemma (equivalente ao cio animal). Sua fase culminante dura de dois a cinco dias, durante os quais o impulso sexual atinge sua força máxima". Le Guin, 1971, 110.

[11] A consciência primário é o estado de estar mentalmente consciente das coisas do mundo, ou seja das imagens mentais no presente. Não é acompanhada pelo senso socialmente definido de si mesmo, envolvendo o conceito de passado e futuro (e) existe principalmente no presente lembrado. Pelo contrário, a consciência de uma ordem superior implica a capacidade de estar consciente de ser consciente e permite que o sujeito pensante reconheça seus atos e afetos. É acompanhado pela capacidade, no estado de vigília, de recriar explicitamente episódios passados e formar intenções futuras. No nível mínimo, requer aptidão semântica, ou seja, a capacidade de atribuir significado a um símbolo. Em sua forma mais desenvolvida, requer aptidão linguística, ou seja, domínio de todo um sistema de símbolos e gramática. Edelman, 2004, 24

[12] "Então minha avó experimentou a presença, em si, de uma criatura que conhecia melhor o corpo humano que minha avó, a presença de uma contemporânea das raças desaparecidas, a presença do primeiro ocupante — muito anterior à criação do homem que pensa —; sentiu esse aliado milenário que lhe tateava, um pouco duramente acaso, a cabeça, o coração, o cotovelo reconhecia os lugares, organizava tudo para o combate pré-histórico que se efetuou logo após. Num momento, Píton esmagada, a febre foi vencida pelo poderoso elemento químico a que minha avó, através dos reinos, passando por cima de todos os animais e vegetais, desejaria agradecer. E ficava abalada com essa entrevista que acabava de ter, através de tantos séculos, com um clima anterior à própria criação das plantas". Proust, 2006, 596 e in Willemart, 2002, 95.

Mas não é uma grande vantagem, antes de tudo, falar ao contrário de outras espécies animais e vegetais e ser capaz de superar essa desvantagem da dependência através da literatura-escritura como Zular aponta:

> Somos falados tanto pela linguagem quanto pelas ferramentas que usamos (escrita, computação, computador, celular, gadgets). Desde que entramos na língua ou vivemos em sociedade, somos atravessados por algoritmos que vêm de nossos acoplamentos com estruturas organizacionais externas do nosso modo de ser no mundo. Perceber o peso e o modo deste acoplamento é uma parte fundamental da escrita (e talvez sua parte mais inexplicável, embora mais decisiva). Os autores conseguiram expropriar essas próteses — insistimos que a primeira delas é a própria língua — fazendo da escrita um espaço de invenção e do livro um lugar de questionamento e experiência Resta saber quem fará o mesmo pela escrita digital, streaming e redes sociais. (Zular, 2022, 160)

Não apenas através da literatura, mas também através das artes e da nossa capacidade de mostrar os nossos conhecimentos e nossa comunicação em várias línguas, superando assim a primeira sujeição à língua de nascimento.

Essa ampliação de nossa presença no mundo e esse salto para fora das estruturas em que estamos imersos me permite redefinir a primeira instância da roda da escritura[13] que consiste em sentir e rever as áreas de vizinhança em que estamos imersos.

Sob a pressão de quais forças o escritor pega sua caneta ou começa a digitar em seu computador? Ansermet responde que é uma questão de prazer antecipado (Ansermet e Magistretti, 2006); Sloterdijk falando sobre o e gozo de Deus amplia a discussão.

> A base desse imenso gozo duplo (da posição infinita em Deus) é a simetria entre engendrar e saber, que têm a mesma relação entre si como emissão e retorno, ou que a ejaculação e a aprovação do gozo por si só. O climax da extroversão criativa é confirmado e prolongado pelo climax do

---

[13] "Imaginando como trabalhar com escritores e críticos, inventei uma roda de escritura que gira após cada rasura e na qual distingo cinco instâncias que se sucedem a cada movimento: as instâncias do escritor, do escritor, do narrador, do releitor e o autor, instâncias ligadas a um grão de gozo que subjaz a toda escritura". Willemart, 2020, 13.

lembrança consciente, e isso em um movimento infinito de renovação de se. (Sloterdijk, 2010, 486)

Enquanto Deus fora do tempo goza no mesmo movimento de engendrar e conhecer, o escritor aposta no tempo para obter, após a centelha da criação, o conhecimento, visível na frase escrita, no personagem criado ou na situação descrita que causará a renovação de se.

Em seguida, ou melhor, simultaneamente invadido por um sujeito, um esquema ou um insight, o escritor percebe e faz existir, — a percepção inclui a pulsão escópica e o sentir — a partir desse momento, traz à existência mundos que antes eram imaginários, aos quais dá vida, posso dizer seguindo Valéry-Zular:

> Além disso, o que é esse tipo de objeto que pressupõe um complexo mecanismo de atribuição de uma subjetividade de produção ou mesmo de uma paternidade e que muitas vezes produz a estranha existência de seres e situações ou mesmo a impressão de que alguém está falando quando não há ali um ser, mas uma pilha de papel e tinta, tela ou metal, mármore ou feixe de luz que os ouvidos e a retina trazem à vida de uma forma única, quase milagrosa, anímica, imaginária? (Zular, 2021, 154)

Fazer existir é, de fato, ir além da equivalência entre perceber e ser de Parmênides lembrada por Sloterdijk.[14] O escritor e o artista vão além do ser, mas a partir da existência do Real associado à realidade empírica. O objeto da pintura ou os personagens do romance estão quase sempre ligados a um elemento extraído ou ancorado no mundo da existência.

No entanto, Sloterdijk não concorda:

> Ver o mundo de uma forma sensorial significa, portanto: não vê-lo a partir do verdadeiro centro. Isso pronuncia um veredicto que tem consequências

[14] O pensador sente e entende o que "todo saber" significa vendo tudo o que é visível, reconhecer tudo o que o rodeia como apreendido no anel do ser, e tudo isso definitivamente, e à luz do fato de que se percebe algo — se essa atividade que consiste em observar ou perceber significa, neste caso, que tudo o que é, na realidade só pode ser reduzido ao mesmo denominador comum e monótono: "o que é". É exatamente isso que se entende por medição da bola do ser, realizada de uma só vez, na meditação original, que se deixa dar, por tudo o que é, a característica comum "ser", *eôn* [...] É realmente a mesma coisa percebe e ser". Sloterdijk, 2010, 79.

de longo alcance para a condição cognitiva humana: na medida em que não atingem o estado de exceção extático da anficospia filosófico-deiforme,[15] os homens estão sempre e sem reservas condenados a ter sobre a existência pontos de vista epicêntricos, semi-míopes, semi-claros. (Sloterdijk, 2010, 89)

Na introdução intitulada, *A geometria no monstruoso*, o filósofo alemão comenta sobre o papel da esfera terrestre sustentada por Atlas (o titã caído), substituído na era cristã pela Virgem Maria e São Cristóvão, na qual o globo é substituído pelo Menino Jesus sustentando ele mesmo o globo terrestre. São as muitas imagens ou esculturas da Virgem com o Menino ou a lenda do barqueiro Cristóvão carregando o Menino Jesus tornando-se cada vez mais pesado de uma margem para a outra:

> Você não apenas carregou o mundo inteiro em seus ombros, mas também aquele que criou o mundo. Pois eu sou Cristo, vosso senhor, a quem servis, fazendo o que fazeis." […] O titã exilado foi transformado em um homem a serviço de Deus, viajantes e peregrinos. (Voragine, 1998, 363)

Há uma inversão de papéis. A Virgem e Cristóvão, enquanto carregam o Menino, estão a serviço do Globo e de seu criador.

O que acontecerá com o escritor?

Se, à imitação da Virgem Maria ou de Christophe, os escritores carregam dentro de si não o menino-Deus, mas "o livro futuro", eles manterão relações com o centro e sairão dessa condição de semi-videntes tornando-se "dignos de se dedicarem ao centro". (Sloterdijk, 2010, 95) Haverá uma "integração antecipatória da episubjetividade humana na subjetividade" não divina, como continua a citação, mas do "livro futuro"

O que quero dizer com o "livro futuro", novo conceito inspirado em Mallarmé que estou propondo? Não é uma questão do livro a ser feito que

---

[15] A anfiscopia é definida pela capacidade de ver os dois lados, se não todos os lados.

descobriremos através dos manuscritos, mas a da "expansão total da letra"[16] no plano da enunciação e da enunciação, do conjunto das mil possibilidades desse mundo sobrecarregado com sua pré-história, sua história e o meio ambiente, um mundo maior do que "A biblioteca de Babel" de Borges que o escritor, assim que começa a escrever, faz existir enchendo suas folhas de rascunhos, ouvindo a si mesmo e exercitando a pulsão invocante, encontrando assim outra subjetividade que Rimbaud chamou Outro: *"Je est un Autre"*.

Embora o escritor não carrega um Deus-criança ou o Universo como Christophe, ele contém como todos nós um mundo pesado com seu passado ao qual se somam as descobertas científicas e técnicas que prometem para o futuro, que não posso, no entanto, assimilar ao conceito de espírito de Hegel:

> na metafísica de Hegel, a mente, como celeiro de todos os celeiros, se apresentará sob a imagem de um círculo de círculos. Este sistema de imunidades e sinais, amadurecido por todas as provas, colheu tudo o que já pôde ser arquivado e redistribuído em termos de provisões ou de espírito objetivo: cereais, lei, religião, ciência, tecnologia, arte. (Sloterdijk, 2010, 272)

Igual em sua amplitude ao espírito de Hegel, mas não em seu conteúdo, embora convirjam na subjetividade, o mundo hegeliano não é "o livro futuro" porque não inclui o desejo do inconsciente ativo na enunciação.

Para usar a metáfora de Sloterdijk, o círculo de círculos não tem uma profundidade inconsciente como alguns freudianos gostariam, mas assim como os anagramas de Saussure, o círculo de círculos é perfurado de tempo em tempo pelo círculo do inconsciente.

"O livro futuro" será o conjunto de todas as possibilidades de existência em relação ao tema "imposto" ou "escolhido", contido em germe neste mundo que está apenas esperando a percepção do autor para existir. Quanto mais o escritor se torna um vidente (Rimbaud), mais ele verá novas situações e novos personagens se formarem que inundarão seu manuscrito, mais ele trará à existência um imaginário que falará com o leitor.

---

[16] "O livro, expansão total da carta, deve extrair dela, diretamente, uma mobilidade e amplitude, por correspondências, instituir um jogo, não sabemos, que confirme a ficção". Mallarmé, 1945, 380.

A relação entre o escritor e seu livro será semelhante àquela entre o divino e o ser humano:

> A obediência dos epissujeitos humanos nunca pode ser concebida como uma forma de se submeter aos impulsos do centro, mas deve deixar-se cair ativamente, como uma espécie de co-espontaneidade inteligente, no projeto central". (Sloterdijk, 2010, 96)

O escritor, portanto, não terá necessariamente que sofrer os choques do mundo, mas trabalhar com eles; será a função dos manuscritos que assim se tornarão "o meio" de contar e escrever sobre as descobertas de alguém à maneira de Cristóvão Colombo, portador de Cristo de nome, mas muito mais do novo mundo invadido. (Sloterdijk, 2010, 101)

De portador do mundo inteligível que o contém, o escritor tentará, a partir da periferia onde se encontra, tocar alguns novos feixes ou raios, que emanam do centro deste mundo, como, por exemplo, as novas descobertas da ciência da matéria, dos corpos ou da mente denominadas astrofísica, neurociência, biologia molecular, ciência do caos, complexidade, etc., usando os GPTs de Inteligência Artificial,[17] que ele cobrirá com palavras e frases na segunda instância da roda da escritura, a do escritor.

"Mas, para fazer isso, precisará exatamente como os epicentros da esfera, libertar-se do erro demasiadamente humano e satânico de se tomar como um ponto de referência privilegiado" (Sloterdijk, 2010, 111) e entrar na geometria da esfera onde capta não o que gosta ou o que é do seu vizinho, mas o que vem do "livro do futuro", lutando contra as forças centrífugas que tentam afastá-lo da meta; o que pressupõe uma luta em todas as linhas, como evidenciam as rasuras nos manuscritos de Balzac a Bauchau passando por Flaubert, Proust e quase todos os escritores.

Essa luta confirma o objeto da rasura, o surgimento do sujeito,[18] o que justifica sua razão de ser; a operação de rasurar designa a função da quarta instância, a do releitor. É assim que o escritor rejeitará a atitude que o torna o

---

[17] O Generative Pre-Training Transformer 3 é um modelo de linguagem autorregressivo que usa aprendizado profundo para produzir textos que se assemelham aos dos humanos. Wikipédia.

[18] Rasura será fruto da subjetividade enunciada por Heinz von Foerster: "a propensão a deixar-se surpreender pelo Outro (e por si mesmo)". Sloterdijk, 2011, 88.

centro da escritura e como Copérnico apoiando o heliocentrismo, substituirá seu "eu"'' terreno pelo "livro futuro" que é como o sol, ainda desconhecido, mas que dirige sua escritura.

Parafraseando Freud: "*Wo Es war, soll Ich werden*" traduzido por Lacan como "*ali onde se era, é meu dever que eu venha a ser*", direi que "*onde era o "livro futuro", lá como scriptor devo advir*".[19]

O scriptor deve advir não para o "Es" ou "Isso" freudiano, muito pessoal, mas para o "livro futuro", a fonte do ser, que anuncia o que virá a seguir.

O leitor poderá objetar: "como podemos falar do futuro a partir do imperfeito? É o futuro anterior[20] que Lacan define como: "terá sido".

O movimento do ser vai do presente mutável para o futuro, que terá sido a consequência da mudança. À medida que o escritor escreve e cria seres, o "livro futuro" vislumbra outras possibilidades inconcebíveis antes da escritura dos primeiros fólios.

Esses movimentos do ser foram experimentados pelos detentores da esfera que, conhecendo os textos dos "círculos iluminados do final da Idade Média", Mestre Eckart (1260-1328) e seus sucessores até Nicolau de Cusa (1401-1464) descobriram outras possibilidades de considerar sua relação com a divindade, já lá no passado, mas ignorada, o que lhes daria outra visão. Esses dois místicos "proclamam (que): Deus é uma esfera cujo centro está em toda parte e cuja circunferência não está em lugar nenhum". (Sloterdijk, 2010, 116) A bola, que se expande infinitamente como resultado dessa transformação, torna-se "o tema central da modernidade e uma referência a si mesmo". (Sloterdijk, 2010, 120)

Nicolas De Cusa foi inspirado pelo *Livro de 24 filósofos*, amplamente distribuído no Ocidente latino por volta de 1200, cujo autor seria Hermes Trimegisto, que escreveu: "Deus é a bola infinita cujo ponto central está em

---

[19] Assim, o *c'* elídito que vai aparecer se nos ativermos à equivalência aceita, sugere-nos a produção de um verbo: ser-se, onde se exprimira o modo da subjetividade absoluta, tal como Freud a descobriu em sua excentricidade radical: "Ali onde isso era", como se pode dizer, ou "ali onde se era ", gostaríamos de fazer com que se ouvisse, "é meu dever que eu venha a ser". Vocês podem perceber que não é em uma concepção gramatical das funções em que eles aparecem, que se trata de analisar se e como o *Eu* e o eu *se* distinguem em cada sujeito específico, Lacan, 1998, 419.

[20] "Efeito de retroversão pelo qual o sujeito em cada etapa transforma-se naquilo que era, como antes, e só se anuncia: "ele terá sido", — no futuro anterior". Lacan, 1998, 823.

toda parte e a circunferência em lugar nenhum" ou "Deus é a bola que tem tantas circunferências quanto pontos". (Sloterdijk, 2010, 476)

Sloterdijk deduz disso que:

> cada ponto ao redor de Deus recebe a principal característica da divindade. [...] A diferença geométrica trivial entre o centro e o ponto distante começa a desaparecer. [...] O que era um ponto torna-se, por sua vez, um centro, e o que recebeu o ser torna-se o foco de novas irradiações do ser. (Sloterdijk, 2010, 477)

O que acontece com o "livro futuro"? Ele não mudará sua posição, pois já havia substituído o centro ou o Deus da esfera o que nos ajudou a situar melhor o escritor.

> Na exterioridade geral, nenhum ponto pode estar fora do alcance dos outros. Do ponto de vista morfológico, pode-se definir o significado da modernidade como excentricidade não satânica, enquanto o esquema do meio e do meio próximo, que havia levado a metafísica da colaboração para os projetos de Deus, agora é preservado apenas nas subculturas religiosas.[21]

Nesta geometria moderna sensível a todos os ventos que lembra a teoria quântica em loop de Carlo Rovelli,[22] "o Livro do Futuro" estará conectado a todos os pontos com os quais se depara no seu percurso existencial da percepção ao manuscrito. Ele se tornará o centro ou fonte do ser quando tiver tocado o escritor que o integrará em seu manuscrito.

Em outras palavras, o novo livro passará a existir quando terá atingido "a tonalidade" ou terá tocado a "corda da existência" de sua comunidade, (Sloterdijk, 2010, 127) que, portanto, não é individual, mas compartilhada.[23]

---

[21] Sloterdijk, 2010, 122.

[22] "A previsão central da teoria em loop é [...] Esse espaço físico não é contínuo, não é infinitamente divisível, é formado de grãos, de "átomos de espaço". Esses grãos são muito pequenos: um bilhão de bilhões de vezes menores que o menor dos núcleos atômicos. [...]. A teoria descreve matematicamente seus átomos espaciais e estabelece as equações que determinam sua evolução. Eles são chamados de loops, ou anéis, porque cada átomo do espaço não está isolado, mas conectado a outros, formando uma rede de relações que tecem o tecido do espaço físico como anéis de ferro de cota de malha.", Rovelli, 2015, pág. 51.

[23] Sloterdijk, 2010, pág. 128. O que tem sido referido como pathos "proximidade" em diferentes contextos filosóficos — de Augusta a Vilém Flusser por meio de Heidegger — é a redundância vivida, a plenitude do manifesto em que vibram as sincronicidades. Sloterdijk, 2010, 129.

Este conceito de existência por Heidegger via Sloterdijk é muito próximo da "vida real" do narrador proustiano:

> A verdadeira vida, a vida enfim descoberta e tornada clara, por conseguinte, realmente vivida, é a literatura; essa vida que, em certo sentido, está sempre em todos os homens e não apenas nos artistas. (Proust, 2013, 240).[24]

A vida real faz parte de todos, mas apenas o artista dotado de sensibilidade aguda será capaz de fazê-lo existir, desenvolvê-lo e expressá-lo.

A nova esfera dos escritores

No entanto, podemos entender o lugar dos artistas de uma maneira diferente do narrador proustiano se seguirmos Sloterdijk que descreve as esferas em que vivemos. Ao rasurar, o artista procura sair de sua esfera habitual onde sua sensibilidade aguda talvez capture um pouco mais do que seus contemporâneos, mas não o torna um "grande criador" por isso. A única maneira não é expandir a esfera, mas abandonar o casulo familiar "uterocêntrico" para ousar se aventurar como Colombo no oceano, em outras águas desconhecidas, como o inconsciente para os narradores de Proust e Bauchau, o Oriente para o narrador flaubertiano, uma linguagem diferente para Guimarães Rosa, o trabalho sobre as palavras para o poeta, etc.

Para o crítico literário e o geneticista terá que ousar confrontar possíveis conexões com as recentes descobertas de novas abordagens do homem, que vão da teoria freudiana à astrofísica à neurociência e aos robôs movidos a inteligência artificial.

Portanto, não é mais apenas uma questão de sensibilidade, mas de uma atitude ousada que tem sido a mola mestra de toda exploração humana desde os primeiros tempos da humanidade até as explorações extraterrestres

---

[24] Um verdadeiro livro seria aquele onde cada inflexão de voz, olhar, palavra, raio de sol seria retomado, e o que ele tenha de obscuro esclarecido. De sorte que ao lugar de uma lista de notas sem significação que é a vida aparente, o livro seria constituído por uma verdadeira realidade, aquela que as anotações diriam por nós se nós tivermos ao lê-las uma sensibilidade mais profunda e um espírito mais claro, então o livro será um verdadeiro quadro do real. Proust, 1989, 856.

mencionadas no início, atitude tomada por artistas, mas também por críticos que querem sair dos ruídos habituais e ronronantes das revistas especializadas, atitude que supõe uma certa agressividade comum aos exploradores e às vezes um grão de violência para se impor e atrair a atenção do público.[25]

Sair do círculo envolve outra geometria ou outra bolha que será acoplada à primeiro pela tangente ou pela fronteira entre os dois círculos. A dificuldade será como franqueá-la, o quão poroso será para novas ideias entrarem no primeiro círculo. Haverá uma batalha interna na cabeça do escritor durante sua luta para que os algoritmos que o aprisionam deixam aflorar o inédito na escritura, batalha igualmente feroz após o texto ser publicado.

A nova forma não será fractal, pois não reproduzirá, mesmo em uma forma menor, o conteúdo da grande bolha; será antes uma excrescência e deformará a primeira que parecerá doente e não deixará de absorver esse plus. Uma espécie de vírus que permanecerá na fronteira e esperará pacientemente que uma brecha ou uma vigilância menor para entrar e ser absorvida pela esfera.

Como? Suas excrescências terão que contaminar a grande bolha nas fronteiras, espalhando o desconforto na comunidade original que, sentindo-se apertada em suas muralhas, terá que considerar aumentar o cercamento da comunidade crítica. Isso pode durar anos e exigirá paciência e perseverança do escritor ou do crítico. A ruptura de Lacan com a Associação Psicanalítica Internacional (IPA) é exemplar nesse sentido. A difícil penetração da crítica genética no mundo acadêmico, as lutas das mulheres pelo aborto ou pela igualdade salarial e as das minorias sexuais para serem reconhecidas são outras.

Para o escritor, a rasura será a porta de entrada para este novo mundo composto por outros espaços-tempos. Ele terá que reconstruir os muros de sua bolha e aceitar corajosamente os riscos, ou seja, enfrentar a recusa de publicar suas "extravagâncias" em periódicos tradicionais, o esquecimento ou descarte de colegas, a obrigação de insistir em impor suas descobertas em periódicos ou conferências mais abertas ou com colegas mais compreensivos. No entanto, sabe-se que todas as paredes, pelo menos no mundo dos antigos, eram cercadas por um rio (Sloterdijk, 2010, 197) assim como o líquido amniótico que envolve o bebê, "que permite a criação". (Sloterdijk, 2010,

---

[25] Lembremo-nos das manifestações violentas do grupo surrealista. Noiva, 2011, 23-45.

197) Elemento feminino, fonte da vida que está apenas esperando o elemento masculino para ser fertilizado.

Esta será a diferença entre a antiga esfera e o do escritor; enquanto o primeiro está cercado por águas residuais ainda vivas, mas não muito férteis, o segundo mais novo está apenas esperando que novas ideias sejam lançadas para gerar novos textos.

Desta forma, o mundo crítico também será renovado. O texto do escritor forçará uma eclusa da grande esfera permitindo a transferência de um canal para outro, do pequeno canal da esfera do escritor para o grande canal da esfera de sua comunidade, e a contaminação ocorrerá à medida que as águas se misturam.

Da cidade à Academia, da cidade anfitriã ao ser, do desenraizamento ao mestiço, da visibilidade à intimidade

A leitura de *Globes* permite-me dizer de uma forma diferente o lugar da escritura e suas ferramentas, os scriptores. O escritor e o crítico permaneceram às portas da cidade, como Platão, que criou sua Academia fora dos muros de Atenas em 387 (a.C.) após a Guerra dos Trinta Anos contra Esparta, exibindo o lema: *Que ninguém entre aqui a menos que seja um agrimensor.*

Sloterdijk lê esta instalação em frente às muralhas da cidade como "a passagem do habitat na cidade para o habitat no ser" (significando que) "pensar agora significa mudar-se para aquilo do qual não é mais possível desenraizar, o que, consequentemente, definirá a cidade apenas como uma cidade anfitriã" onde os filósofos vivem como "métèques" ou peregrini, imigrantes ou viajantes em trânsito". (Sloterdijk, 2010, 317 e 318)

À imitação dos filósofos, o escritor, habitando no ser, mas acima de tudo criador de seres, e neste sentido igual ao criador, se seguirmos Nicolau de Cusa em seu tratado sobre *Ignorância aprendida*, não terá nenhum apego particular à sua cidade de origem, terá que se sentir "de passagem" para readquirir o olhar do homem primitivo diante da monstruosidade da cidade, aceitará o efêmero contrário à chamada eternidade onde habita o deus da cidade, recusará uma visibilidade extrema contrária à intimidade da criação, (Sloterdijk, 2010, 239) colocando-se não simplesmente do ponto de vista do planeta Terra, mas do ponto de vista do cosmos já que a esfera a mais alta permitirá que ele fique longe de perturbações, (Sloterdijk, 2010, 325) tornando-se parcialmente invulnerável (Sloterdijk, 2010, 324) e em seguida, criará sua Arca de Noé (Sloterdijk, 2010, 224) onde, suportando a angústia inerente diante da imensidão das águas, admitirá e selecionará as possibilidades de "seu futuro livro" no dilúvio das águas de informação que o assaltam e cercam.

Um novo Noé

Como um novo Noé, o escritor criará sua arca, a imagem do "livro futuro", um abrigo para os elementos que constituirão sua obra futura. Continuando a metáfora, uma vez que o dilúvio tenha passado, ele pousará em uma alta montanha, o Monte Athos, seu escritório ou seu quarto, e gradualmente transcreverá o manuscrito a partir das informações da arca que ele transformará à vontade de acordo com as situações, os personagens e o andamento da história.

Deve-se notar também que o novo Noé não incluirá apenas em sua arca seres do planeta Terra, mas também os do cosmos. Ele é, portanto, não apenas o criador do que existe no planeta Terra, mas também do que é visível ou assumido na totalidade do Universo. Em outras palavras, o ser de acordo com Cusa, Kant, Hegel, etc., em suma, o númeno, a realidade inteligível no sentido original usado por Platão, contém muito mais coisas inimagináveis do tempo de Noé, e assume uma dimensão cósmica que se refletirá na escritura.

No final de seu livro, Sloterdijk faz uma leitura psicanalítica da relação entre o apóstolo cristão Paulo e Saulo de Tarso, cidadão judeu romano, entre Freud, judeu de nascimento e criador do inconsciente, entre Lacan, católico de origem e revisor de Freud. Em que essa relação me ajuda a definir o novo Noé?

Sob aparência cristão, São Paulo não podendo negar o grande Outro de onde veio, "seu processo primário judeu", refaz uma nova nação de eleitos não mais sob o signo da circuncisão, mas sob o sinal da cruz. (Sloterdijk 2010, 692)

Sob a aparência de rejeição de sua identidade judaica, Freud age sob o efeito de "seu processo primário judeu", e cria "o inconsciente sexual-libidinoso dos neuróticos seculares", (Sloterdijk 2010, 690-691)

Lacan que "seguindo uma posição criptocatólica fundamental, reuniu-se de perto com o processo de Paulo e iniciou esses pacientes, que não puderam forçosamente ser circuncidados, à profissão de fé na castração simbólica e na falta constitutiva. (Sloterdijk 2010, 692)

Ao que corresponde o "processo primário judaico" de Freud ou a "posição fundamental criptocatólica" de Lacan em qualquer artista ou escritor, seja ele judeu, analisando ou não?

Sloterdijk refere-se a uma transferência inconsciente da cultura religiosa, portanto, de uma relação com a divindade baseada numa profissão de fé e não à influência da língua ouvida desde o despertar no ventre da mãe nem ao vasto simbolismo lacaniano no qual todos nascem.

Essa relação subentendida com a divindade não banharia qualquer produção artística ou literária, mas apenas aquela centrada no remetente:

> porque o autor continua a agir como uma revelação local de uma fonte transcendente de transmissão, mas também se refere à transição para situações não monopolistas[26] e neo-politeístas [...] (sabendo que) o centralismo religioso desapareceu como resultado da legalização da genialidade, da mesma forma que do ponto de vista morfológico, a agonia de Deus tinha começado com a onipotência do centro e a desrealização da circunferência desde Nicolau de Cusa. (Sloterdijk 2010, 699)

---

[26] Em economia, a concorrência ou a concorrência monopolística é um tipo de competição imperfeita na qual existem várias empresas, cada uma vendendo uma marca ou produto que difere em termos de qualidade, aparência ou reputação. Cada empresa é a única produtora de sua própria marca. A concorrência oligopolística também é caracterizada pela ausência de barreiras significativas à entrada de novas empresas. Há muitos exemplos de setores industriais com essa estrutura de mercado, como o de café embalado, calçados e refrigerantes. Wikipedia, 2025.

O autor ou artista, implicitamente, sem saber e dizê-lo necessariamente, substituem Deus e também exigem uma profissão de fé de seus leitores. O poema, o romance ou o drama dos grandes autores revelam uma verdade que é sempre parcial, diz Lacan, que consagra cada um deles como deus, daí o politeísmo em que vivemos hoje. [27]

A viagem do "livro futuro" para o manuscrito e, em seguida, para o livro publicado vai extrair uma verdade de um "emissão transcendente" que irá ou não consagrar a genialidade do autor, mas que não será definida como tal até a publicação.

Uma questão ainda não foi todavia resolvida. Considerando que até Nicolau de Cusa, os fiéis encontraram proteção e sentiram-se imunizados dentro das paredes da cidade ou metaforicamente na bola onde Deus reinava, agora que a bola está em toda parte sem circunferência precisa e que na ausência de Deus ou de sua morte artistas e escritores, seus substitutos, são os únicos seres que dão uma referência transcendente através de suas obras, onde me sentirei protegido?

Cada grande obra daria uma resposta? Será que a profissão de fé que muitas vezes faço sem saber para cada obra abordada será suficiente?

A resposta certa não será o tratamento analítico onde aprenderei a "fazer com" esse vazio sem fim sem resposta? Não importa que o *Big Bang* seja um conto de fadas,[28] (Sloterdijk 2010, 485) não importa que a astrofísica, a neurociência ou a biologia não expliquem tudo, terei que viver com essas meias verdades sabendo que a verdade como A Mulher, não existe. Eu me junto aqui não só com Lacan, mas também com Alain Connes para quem a verdade matemática está espalhada por vários pontos e não é reduzida a um sim ou um não. (Connes, fevereiro 2019)

O que é estranho, aliás, e corrobora a teoria lacaniana, é que terei que professar a fé em seres de ficção através de seus autores e somente através deles, alcançar meia-verdade. Em outras palavras, não serei mais eleito num pacto divino cujo texto será mantido na arca, mas com cada autor lido cuja nova arca de Noé conterá "os livros futuros".

---

[27] O Panteão parisiense substituiu o Panteão romano no qual os grandes homens substituem os deuses.

[28] De fato, hoje, os físicos sugerem que o Big Bang seria uma transição de fases como a água que aquecida a 100 graus se torna gás, o que levanta a questão do antes e da origem do Universo.

CAPÍTULO 2
O ESCRITOR, CRIADOR DE ESFERAS

Quero prosseguir com essa estranheza sinalizada no último parágrafo do capítulo anterior que consiste em fabricar deuses "fictícios" e colocá-los no Panteão secular para servir de referência para as gerações futuras. As grandes narrativas serviriam como abrigo e substituiriam as cidades por muros altos e seus substitutos, as esferas?

Grandes narrativas e, eu incluo os discursos filosóficos, psicanalíticos e científicos que não nos permitem viajar tanto na imaginação quanto na literatura, mas que dão outro tipo de segurança mais racional, embora fazendo parte também parcialmente dos contos de fadas como Sloterdijk aponta para o Big Bang.

Embora compreendamos facilmente a função mais racional dos discursos não literários, — o discurso científico sobre a covid nos tranquiliza em parte se formos vacinados — tropeçamos na importância da literatura que tenderíamos a negligenciar e considerar supérfluas, dispensáveis, portanto.

Esta não é a opinião de Sloterdijk que privilegia a literatura:

> As filosofias da existência, no entanto, são apenas a retaguarda de uma literatura na qual tinha sido levado a exploração da existência de atores mais longe do que poderia sonhar a sabedoria da escola, mesmo a do academismo ousado de Heidegger. As grandes pesquisas praticadas no espaço da subjetividade dos atores, de Shakespeare a Joseph Conrad, de Camões a Gabriel Garcia Marquês, de Maquiavel a Dostoievsky, evoluem em um nível ao lado de que teorias filosóficas da vida ativa, quer falem de trabalho, da política ou da ação comunicacional, parecem ser da segunda categoria, não apenas do ponto de vista da representação, mas também do conceito, Fichte e Nietzsche, possivelmente Bergson, são as únicas exceções. (Sloterdijk, 2011, 105)

O motivo para "a impotência dos filósofos diante da ação eminente é o fato de que, devido ao seu preconceito em favor da atitude reflexiva, eles quase sempre deram prioridade à inibição sobre a "ofensiva". (Sloterdijk, 2011, 105)

O homem precisa se cercar de histórias e "se cercar" é o termo exato para significar não somente as cascas da imaginação ptolomaica que explicam a situação da Terra no meio das estrelas ou as paredes exageradas ou monstruosas de uma cidade, mas as diferentes camadas que o homem sobrepõe às impostas desde o nascimento.

Camadas que constituirão uma verdadeira pousada de segurança, outro nome de um casulo materno encontrado, que o ajudará a atravessar o espaço-tempo que ele percorrerá e a enfrentar as muitas perguntas que se fará ou os provas sofridos durante a vida.

Não é difícil demonstrar que nos tempos de pandemia vivida desde março de 2020 e éramos em abril de 2022 quando escrevi esse texto, a ficção seja em papel, no computador, no rádio ou na tela de televisão foi quase indispensável para muitos, ao mesmo tempo para passar o tempo e pensar em algo diferente do número de mortes diárias registradas pelas estatísticas implacáveis.

Os momentos de ler ou ouvir transportam o leitor para outro lugar, fora de si mesmo, tiram-no de si mesmo e permitem que ele sinta e experimente sensações que podem ir tão longe quanto o gozo.

Mas será que esses momentos de leitura ou de escuta servirão como seguro, muralha e proteção para as ansiedades inerentes ao cotidiano e os momentos mais difíceis, como o anúncio da morte de um ente querido, vítima da covid ou o número de mortes em frente aos hospitais por falta de espaço como aconteceu no Brasil em março e abril de 2021?

A literatura não será mais frequentemente entretenimento no verdadeiro sentido da palavra (afastando-se da realidade) e não me satisfará o suficiente para me sentir seguro?

A promessa de sobrevivência na vida após a morte da maioria das religiões dará aos crentes uma confiança suficiente? Nem sempre como testemunha a determinação de viver da maioria deles, ainda manifestando uma pequena dúvida sobre a ressurreição prometida.

O que deve ser tomado como critério para fazer da literatura e das artes em geral um apoio ou um baluarte contra o ataque de forças externas e internas?

Vamos voltar para o escritor que tem que construir essas muralhas para seu leitor. Não podemos comparar as qualidades necessárias para se tornar um explorador do novo mundo, detalhado *no Palácio de Cristal*, com as exigidas do escritor que se propõe a descobrir o "livro futuro"?

> Por terem janelas mentais portáteis, os europeus negociantes estavam, na maioria das vezes, um passo à frente em termos de sua capacidade de descrever, analisar e agir. Essencialmente, as formas em que era possível controlar, no nível esferológico, a relação dos agressores com o espaço branco, eram cinco em número: mitologia naval, religião cristã, lealdade ao príncipe de sua terra natal, o censo científico do espaço sideral, a transposição linguística. (Sloterdijk, 2011, 177)

O espaço branco nos mapas é aquele ainda desconhecido. Ao que correspondem para os escritores as formas que protegiam os invasores dessas terras desconhecidas, como as do continente americano antes de Cristóvão Colombo, senão a página em branco?

A mitologia naval se opõe ao sólido do continente e acentua o elemento líquido não resistente ou sem obstáculos à sua travessia, aberto ao infinito, cego porque sem marco, à mercê de ventos e tempestades. No entanto, o homem não se sentia perdido, pois mantinha o "estar em casa" no seu navio. (Sloterdijk, 2011, 178) Sabendo usar o astrolábio desde a antiguidade, substituído no século XVIII pelo sextante, o dispositivo observa a posição das estrelas e do sol, dava marcos externos localizados a bilhões de quilômetros no mundo infinito dos astros e das estrelas, o que implicitamente dava ao marinheiro uma dimensão cósmica.

Que religião segue o escritor, se não a de escrever, na qual ele se aventura, espécie de fora do tempo sem marcos imediatos, sem saber para onde está indo, tendo como única bússola a palavra por palavra, cada palavra direcionando-o numa direção, cego quanto ao objetivo, à mercê do jogo de palavras, sílabas ou sons, estrelas que o levam para o fim, não do mundo, mas da literatura com mil línguas.

Sua religião não se baseia numa relação com o divino do qual ele seria a periferia, mas se concentra no "livro do futuro", plenitude anunciada de gozo apenas entrevista, sem indicações do caminho a seguir que saberá como fazer existir na escritura e que se baseia na sua linguagem "considerada como a casa do Ser". (Sloterdijk, 2011, 185)

Seu príncipe a quem ele vai prestar conta não é uma autoridade distante, única e superior que precede a aventura e permanece no continente ou a de um vice-rei visando o saque de regiões distantes. A instância desconhecida não existente no início, múltipla e futura está concentrada na figura do leitor que gerada pela escritura e com quem estabelece em segredo um pacto de fidelidade. Não promete ouro, diamantes ou novas fontes de riqueza; pelo contrário, propõe uma cadeia vazia de significantes que dará ao leitor a oportunidade de ler-se, como recorda o narrador proustiano, colocando nela seu sentido singular. (Proust, 1989, 610)

Ao levantamento científico do espaço exterior que o navegador se obrigava corresponde o dever do escritor de não ignorar as novas abordagens do universo das ciências da terra e das estrelas às ciências humanas, que não devem mais ser consultadas na Enciclopédia do Iluminismo do século dezoito, mas mais simplesmente na Internet.

Quanto à transposição linguística, não se trata de aprender a língua dos habitantes de novos países ou de traduzi-la na sua própria, mas de encontrar por trás da própria língua, sua história escovando as palavras como diz o poeta Manoel de Barros.

Quais autores cumprirão essas condições que os igualarão aos descobridores do Novo Mundo? Respondi em parte no primeiro capítulo: são aqueles que terão a audácia de embarcar na conquista do "livro futuro" decifrando novos continentes e trazendo de volta de suas expedições uma nova linguagem que, como as especiarias trazidas da Índia, temperará de outra forma não os pratos habituais, mas a maneira de pensar dos leitores dando-lhes outras referências. Portanto, eles não necessariamente têm que ser autores mais recentes. Como aponta Sloterdijk, autores que tocaram o coração do homem como Dostoievski sempre serão baluartes sólidos contra as ansiedades do homem.

Não é, portanto, a morte da avó do herói proustiano, de Albertine ou de Swann, ou de Julien Sorel, Meursault ou das vítimas da peste do romance de Camus que serão de maior ajuda para o leitor. Nem a morte de ninguém que é o destino do homem e de todos os seres vivos.

O que mais tocará o leitor, portanto, não serão os comentários ou reflexões dos autores ou mesmo a vida de seus personagens, ou mesmo novas informações sobre a peste ou a medicina da época de Proust, detalhes que o leitor pode encontrar num livro de história da medicina ou nos jornais da época, mas a outras maneiras de pensar inclusive sobre a morte e a doença.

Lembremos o retrato da avó do herói proustiano:

> Ali estava eu, ou antes, ainda não estava ali, visto que ela não o sabia e, como uma mulher surpreendida a fazer um trabalho que ela ocultará ao entrarmos, estava entregue a pensamentos que jamais havia mostrado diante de mim. De mim — por esse privilégio que não dura e em que temos, durante o curto instante do regresso, a faculdade de assistir bruscamente a nossa própria ausência — não havia ali mais do que a testemunha, o observador, de chapéu e de capa de viagem, o estranho que não é da casa, o fotógrafo que vem tirar uma chapa dos lugares que nunca mais tornará a ver. O que, mecanicamente, se efetuou naquele instante em meus olhos quando avistei minha avó, foi mesmo uma fotografia". Jamais vemos os entes queridos a não ser no sistema animado, no movimento perpétuo de nossa incessante ternura, a qual, antes de deixar que cheguem até nós as imagens que nos apresentam sua face, arrebata-as no seu vórtice, lança-as sobre a ideia que fazemos deles desde sempre, fá-las aderir a ela, coincidir com ela (Proust, 2007, 154,155)

A percepção dos entes queridos é claramente oposta à de sua foto. Onde o herói viu, ou melhor, sentiu um rosto cercado de ternura, ele descobre que ausente de sua posição como neto, tomando o lugar de um simples observador, ele vê apenas uma pessoa idosa. A ternura, outro baluarte contra a angústia, o fez esquecer as marcas do tempo, visíveis, no entanto, aos sinais mutáveis do corpo que todos notam primeiro, mas não aqueles que amam. Essa diferença de percepção fará com que o ente querido exista ou o faça desaparecer para encontrar apenas seu "esqueleto", que todos percebem.

Essa mesma ternura estendida àqueles que cercam o leitor, parecida com às águas que cercam uma cidade, ergue um espaço que reúne os "não indiferentes" no indiferente (Sloterdijk, 2011.169) e embora não esteja na origem da família ou do grupo, contribui à sua consolidação ao longo do tempo.

Um movimento semelhante pode ser visto em todos os níveis da sociedade. O que reunirá os não indiferentes não será mais a ternura, mas um sentimento semelhante como a compaixão, a amizade, o compartilhar uma ideia ou um livro etc. Esses sentimentos constituirão uma parede de proteção suficiente para os membros ou seguidores desses círculos fechados?

Parece certo que a ternura transformada em compaixão[29] por estranhos fará com que, por exemplo, o leitor compartilhe o destino de todas as famílias afetadas pela covid 19 e o impedirá de ficar satisfeito apenas com as estatísticas divulgadas pelos jornais. O livro seja lá o que for e qualquer que seja seu tema irá proteger o leitor se ele responder não apenas ao seu desejo de entretenimento, mas a uma ansiedade ou mesmo a uma angústia que ele sente diante de uma pergunta ou na situação em que ele está imerso? Mas não é preciso mais para sentir segurança mínima? O sentimento é suficiente? Não, se lembrarmos

> O branco de Moby Dick (que) representa simultaneamente o espaço não esférico, homogêneo, sem bordas, no qual os viajantes se sentem privados de qualquer senso de intimidade, qualquer senso de chegada e de pátria. (Sloterdijk, 2011.168)

Aproximação muito curiosa, confesso, entre nosso sentimento e o branco da vasta e incalculável baleia que, no entanto, ilumina um pouco a resposta e que se assemelha ao branco dos mapas dos exploradores do século XVI. Como não pode ser calculado por qualquer robô, o GPT-3 ou outro ainda mais poderoso que apareceria, o espaço branco será a metáfora do inconsciente, imensurável refúgio da subjetividade e do gozo que ele cobre. Saber que

---

[29] Hubert Reeves, famoso astrofísico canadense, apontava as três qualidades necessárias para salvar a humanidade em perigo: a arte, a ciência e a compaixão. Paris. Fevereiro de 2017.

esse espaço branco existe e tem um nome, me tranquiliza um pouco mais.[30] Ainda é necessário saber viver com esse estranho sem necessariamente recorrer ao divã.

Como? Como uma das minhas grandes amigas me disse, a morte de um personagem de novela me afeta mais do que a da personagem mais alto do estado ou da maior celebridade do mundo. Por quê? Porque ela se apegou à personagem, fez uma transferência e encontrou nela uma parte de si mesma. O fenômeno é muito semelhante ao do luto comentado por Freud.

> A prova da realidade mostrou que o objeto amado não existe mais e decreta a exigência de remover toda a libido dos laços que mantêm no objeto. Contra isso há uma rebelião compreensível. [...] e durante esse tempo (de luto), a existência do objeto perdido continua psiquicamente. Cada lembrança, cada esperança pelas quais a libido estava ligada ao objeto é [...] superinvestindo e o desprendimento da libido é realizado sobre ele. (Freud, 1968, 150)

A morte do personagem deve fazer com que o leitor entenda que uma parte de si mesmo não é controlável; ele chora apesar de si mesmo, assim como ele ri sem adivinhar o motivo imediatamente, ele não pode se conter nem de rir ou chorar, embora sabendo que o desaparecimento do objeto de seu desejo não existe mais. O problema se limitará a não controlar as

---

[30] Conhecendo o nome ou cobrindo a Coisa com um significante, posso guiar-me como nesta pequena história: Albert Szent-Györgyi, que sabia um pouco sobre os mapas onde a vida flui pendente em uma direção ou outra, contou esta história de guerra: "Um jovem tenente de uma pequena companhia húngara enviou uma patrulha para o deserto gelado dos Alpes em reconhecimento. Imediatamente depois, começa a nevar. Nevou por dois dias a patrulha não retornou. O tenente estava desesperado: ele havia enviado seus homens para a morte. No terceiro dia, a patrulha retornou. Onde ela tinha estado? Como ela havia encontrado seu caminho? Sim, disse o homem do relatório, nós nos considerávamos perdidos e esperávamos o nosso fim. Quando, de repente, um de nós encontrou um cartão no bolso. Tranquilizados, decidimos acampar, esperamos a neve parar. Com a ajuda do mapa, encontramos a direção. E aqui estamos. O tenente pediu para ver este mapa notável, a fim de estudá-lo. Era o mapa dos Pirenéus. Adeus. Poema de Miroslav Holub, poeta checo e imunobiólogo de renome mundial. Intitulado "*Breve reflexão sobre mapas*", vem da coleção *Naopak* (*Pelo contrário*) de 1982.
"Basta possuir uma carta para não mais se perder ou possuir um objeto de desejo para não estar mais perdido [...] Desejar intensamente uma pessoa, um objeto, dá direção ao excesso, à complexidade de nossos corações e mentes. [...] Estar perdido é um estado de desejo excessivo, um desejo tão intenso que é capaz de distorcer a realidade a serviço da sobrevivência psíquica. Se não há nenhum objeto ao alcance do desejo, um deve ser inventado. O mapa notável deve ser usado pelo que é, um mapa, mas também deve ser recriado no que não é: um mapa dos Alpes". Phillips, 2009, 41.

emoções? Por que ele os controlaria? Pode nascer algo desse caos? A morte dessa personagem lhe dá segurança suplementar?

Pelo menos, ela permitirá que ele se solidarize com todos os espectadores que viveram essa morte e contribuirá para formar um espaço que una "os não indiferentes" (Sloterdijk, 2011, 169) que, de forma ilusória ou não, protegerão os admiradores dessa personagem. O mesmo fenômeno acontecerá a todos aqueles que admiram não Proust, Flaubert, Mário de Andrade ou Machado de Assis, mas suas personagens:

> Casais, municípios, corais, equipes, povos e Igrejas, todos sem exceção, tentam frágeis criações de espaço diante da primazia do inferno branco (terra incógnita de Moby Dick de Melville).
>
> É apenas em tais recipientes, que se produzem por si mesmos, que se realiza o que a palavra desbotada "solidariedade" designa em seu estrato mais radical: as artes de viver da modernidade visam erguer não indiferentes no indiferente. (Sloterdijk, 2011, 169)

É assim que os homens erguem novas muralhas não mais materiais e visíveis decorrendo da pulsão escópica, mas imaginadas e reais decorrendo da pulsão invocante que levam diretamente ao prazer-gozo.[31] O comentário de Sloterdijk por Flusser é esclarecedor: "Diante de um mundo cujos limites geográficos foram alcançados, isso coloca a projeção e a invenção em horizontes inesgotáveis." (Flusser, 1994 citado por Sloterdijk)

A relação do leitor ou do espectador com o autor e suas personagens não é, portanto, individual ou coletiva, mas solidária com outras subjetividades. O espaço criado e seguro vai além das fronteiras e reúne homens e mulheres de todos os países com acesso a esses romances, daí a necessidade e a importância da tradução.

A fórmula, se houver uma fórmula, seria: um "sendo" (étant) cava e se encontra em seres fictícios para pousar em um grupo de "sendos" muitas

---

[31] O movimento "#Me Too" (2007) ou "#BalanceTonPorc" assim como o assassinato desta jovem iraniana Masha Amini em setembro de 2022 pela policia iraniana por causa do véu "inapropriadamente colocado" provocou e construiu um muro de solidariedade entre as non-indiferentes-mulheres de vários países. *Ci-gît l'amer. Guérir du ressentiment* de Cynthia Fleury, Paris, Folio, 2022 e Hélène Devynk, *Impunité*, Paris, Seuil, 2022.

vezes anônimos, mas compartilhando as mesmas emoções, ou mesmo a mesma compaixão. Não são referências ou pontos de apoio que ajudariam o leitor a se situar, mas um sentimento comum compartilhado que lhe dá uma certa garantia. A Copa do Mundo de futebol é um exemplo marcante desse sentir comum que une cidadãos de uma mesma nação, independentemente de suas crenças ou posição política.

Isso é suficiente para dar ao leitor uma "autoconsciência acelerada" e abrir outros horizontes sobre seu desejo? Este será o tema dos próximos capítulos

CAPÍTULO 3
O IMPACTO DA COMPOSIÇÃO SOBRE O ESCRITOR

Como os aventureiros do novo mundo se tornaram outros após a conquista ou, em outras palavras, como esses leitores da nova terra se sentiram após suas descobertas? Eles as integraram, criaram outros parâmetros para se situarem? Como esses homens de outros lugares leram ou interpretaram as novas paisagens e os tesouros do novo mundo?

Estamos falando tanto dos primeiros exploradores vindo de Portugal ou da Espanha, que não sabiam o que iriam descobrir, e o que esperar, se um porto ou a morte, (Sloterdijk, 2011, 115) quanto daqueles que fugiram de brigas religiosas ou da fome, que vieram mais tarde e tiveram seu primeiro ponto de queda assegurado.

Todos eles se pareciam com

> as incontáveis pessoas que têm procurado nos mares uma cura para as frustrações do continente. Talvez o *Nautilus* do Capitão Nemo tenha sido a última grande nave de tolos na qual um grande misantropo solitário poderia exercer em toda a soberania sua recusa de uma humanidade terrena decepcionante.[32]

[32] "Há algum tempo, — o número exato de anos não tem importância —, ter pouco ou nenhum dinheiro no bolso, e nada que me mantenha especialmente em terra, a ideia veio até mim e o desejo me levou a navegar um pouco e ir visitar as extensões marinhas deste mundo. É um remédio para mim: é uma maneira de eu sair do escuro e restaurar o tom para a circulação do meu sangue. Sim, toda vez que me sinto amargo e com lábio duro, toda vez que garoa e venta na minha alma e há um novembro congelante, toda vez sem premeditação, eu me encontro plantado na frente da janela dos comerciantes de caixões ou seguindo os passos dos comboios funerários que encontro, e especialmente sim, especialmente sempre que sinto em mim que os maus humores prevalecem a tal ponto que eu preciso da poderosa ajuda dos princípios morais para me impedir de ir às ruas com o único propósito de jogar para baixo, muito metodicamente, o chapéu do povo que encontro então sim eu considero que é hora de ir para o mar o mais rápido possível. É isso o que eu uso como arma e chumbo. Catão se joga em sua espada, não sem ênfase e sem grandiloquência filosófica. Eu ganho a mim mesmo muito mais discretamente a borda de alguns veleiros". Melville, 2005, 51 em Sloterdijk, 2011, 116. Hoje, os emigrantes que atravessam o

Os autores de romances, poesias ou teatro são comparáveis aos marinheiros do Nautilus ou a qualquer navio partindo da Europa para as Américas ou as Índias? Será que o autor também quer descobrir "homens de outros lugares, paisagens, tesouros"? Ele também está pensando em "separar-se de (suas) antigas ancoragens esféricas e (suas) inibições locais"? (Sloterdijk, 2011, 117) Sim, mas de uma maneira diferente.

Diferente do marinheiro que deixa sua terra natal e se encontra em outro lugar, o escritor não deixa o seu país, mas cessa de usar sua língua como instrumento de comunicação para se subjugar à ela como scriptor. Enquanto o marinheiro é obrigado a submeter-se aos elementos externos encontrados, — uma paisagem, um relevo, um clima, homens com costumes diferentes dos seus —, e, a se adaptar ao novo mundo, o escritor permanece com seu corpo em casa e viaja com a mente na língua, na literatura e no mundo. Nada o forçaria a mudar seus hábitos de vida ou seus relacionamentos com as pessoas ao seu redor. E no entanto, ele vai mudar…

Algo em sua imaginação, para não dizer em seu pensamento, vai se mover. Confrontado com suas personagens que nascerão de sua caneta, ele sonhará com Antígona como Bauchau, ou irá misturá-los com seus conhecidos como Balzac, que morreu chamando sua personagem, o Dr. Bianchon, para ficar a seu lado. Estes são, sem dúvida, exemplos extremos, mas mostram até que ponto a imaginação dos escritores se expande, vai além da realidade cotidiana e empurra o escritor a viver com seres ficcionais que têm a particularidade de terem sido criados por ele. O autor lhes deu a existência, uma história, parentes, amigos, vizinhos e um contexto socioeconômico em um determinado país a ponto de poder afirmar que "a minha verdade é a das minhas personagens".[33]

Para entender melhor a situação dos escritores, invocamos outros exemplos de "criadores". Quando um pai e uma mãe dão existência a uma criança, seu imaginário não cresce da mesma forma, e eles não começam a viver com seus filhos, assim como o escritor com seus personagens?

Mediterrâneo, o México ou simplesmente a fronteira, também procuram "um remédio para as frustrações", frustrações que vêm de seu governo na maioria dos casos, na busca por uma vida melhor, acreditando que encontrarão na Europa, nos Estados Unidos e até no Brasil uma resposta para suas angústias e seus sonhos, o que não é frequentemente o caso.

[33] Galfard Christophe, autor de *L'Univers infini*, Paris, Laffon Michel, 2023, ou O Universo como jamais ter sido visto, emissão de La Grande Librairie do 10 de setembro de 2024.

Além disso, quando vejo as crianças brincando de boneca e fingindo tratar o objeto em plástico como um ser vivo que come, bebe, está doente e que atrai uma atenção igual à de um bebê de verdade, elas também não dão vida a um personagem?

Qual é a diferença entre essas três situações?

O escritor inventa seres do zero ou com traços de caráter coletados no seu ambiente que ele unifica numa personagem, a criança inventa a partir de um objeto e os pais criam a partir de seu corpo.

A invenção, seja lá o que for, seja qual for o objeto ou os meios, cruzará a imaginação dos criadores. Como e em que sentido?

Inventar significa dar um nome. Dar o nome de Antígona a um personagem contempla a referência a Sófocles, dar o nome da fada Ana à boneca implica na referência ao mundo mágico das lendas infantis, dar o nome de Michel para um filho pode abranger a referência a um amigo próximo, uma personagem de romance, o Arcanjo Miguel ou um jogador de futebol. Uma história conhecida ou não do inventor está implícita em cada nome escolhido.

Em seguida, o inventor vai povoar o nome com sentidos, "povoar" se aproxima da ideia de "criar".

Aqui começa a especificidade de cada uma das situações mencionadas. Enquanto os pais veem o filho preencher o nome (e sua vida) de uma maneira diferente do que pensavam, e acompanham suas escolhas e seu desenvolvimento[34], crianças e escritores se sentem possivelmente mais livres para povoar o nome da boneca ou da personagem à sua maneira. Crianças e escritores se projetam em sua criação, dando a essa criação seus pensamentos, seus sentimentos e seu modos de agir.

Até que ponto os escritores saberão se distanciar do que são, para criar um personagem independente? ou às vezes, como Balzac, se deixarão levar pela armadilha de sua ficção, acreditando que eles mesmos vivem lá.

Novo Noé, Balzac errou ao entrar na esfera que inventou não distinguindo mais a realidade empírica da arca, esquecendo que deve permanecer fora

---

[34] O casal Amine e Mathilde ouvem com estupefação a avaliação de sua filha Aïcha por sua professora. Nunca pensavam que a filha deles, mal vestida com a cor e o cabelo crespo do pai, desprezada pelas colegas brancas, poderia ser a melhor da classe: "Ela é bem acima da média em todas as matérias. Pensamos que sua filha deveria pular um ano". Leïla Slimani, 2020, 180.

do tempo da esfera e manter sua posição como criador, de não se incluído no tempo, o que o torna muito próximo do Deus Criador cuja qualidade essencial é a perfeição; entrar no tempo torna-o imperfeito.[35]

A criança mudará o que está criando com sua boneca se um adulto ou outra criança ao seu lado a fizer falar sobre a boneca ou sobre a história que ela lhe dá, fazendo perguntas ou sugerindo outros eventos que possam enriquecer e dar outra forma ao nome dado à boneca. A intervenção do outro mudará o que a criança pensou e disse no início. É preciso referir-se às experiências relatadas por Eduardo Calil no ensino fundamental. Diante de um manuscrito escolar de um aluno tão rasurado quanto o de Flaubert, dá para entender a importância do outro na história de uma criança de 6 anos. (Calil, 1988 e 2008)

Para descobrir "o livro do futuro", o escritor vai explicitamente apelar para o Outro, por meio da rasura, noção que eu desenvolvi extensivamente em livros e artigos (Willemart, 1997, 155-162 ou 2007, 161) e que tem como principal resultado, a abertura à tradição de crítica literária, ao mundo ao seu redor, mas também ao inconsciente pela *alíngua*.

Esse apelo ao Outro certamente resultará no enriquecimento da narrativa, ou seja, as palavras ou frases escritas levarão sentidos diferentes dos da linguagem da comunicação. O registro do Imaginário do escritor crescerá, mas como essa mudança afetará os outros dois registros?

O Simbólico seguirá o movimento do Imaginário no sentido que o escritor descobrirá outras estruturas já existentes não reconhecidas e, por vezes, não vividas que, por sua vez, irão resultar em desdobramentos do Simbólico onde se insere o escritor.

---

[35] "Deus lança a criação cruzando a fronteira entre a eternidade e o nada, entre a existência e o não-existir, e submete-se ao desdobramento do tempo como se o tempo fosse a massa ou a atmosfera necessária para a criação. A criação precisa de uma travessia para o nada e não surge diretamente do existir. Um caminho, um espaço é percorrido, um tempo que passa que não é o manuscrito. Nesse intervalo, surge um silêncio, uma espécie de música de silêncio que acompanha a criação semelhante à de Mallarmé. A partir do encontro deste espaço-tempo com o nada emerge a obra. Toda criação surge do nada e carrega uma marca de negatividade, mas, por outro lado, se Deus não sustenta o trabalho de seu existir, a obra retorna ao nada. A referência está nele, a existir está fora do círculo. O novo conjuga o existir que vem de fora com o espaço-tempo que emerge quando o existir alcança e penetra no círculo. O tempo nasce na passagem do existir eterno ao nada. Definição singular de tempo. Da junção do ser eterno ao nada, emerge o tempo. Em outras palavras, o tempo é gerado por elementos opostos que como os elétrons e prótons seduzem uns aos outros e vivem juntos. Willemart, 2007.152.

Será que o Real tomará o mesmo caminho? Em outras palavras, será que o scriptor chegará ao registro do Isso? Ou, mais amplamente, será que as novas contribuições irão libertar os significantes e significados até então bloqueados e que o pensamento, seus afetos e seu comportamento vão mudar?

Como escrevi no primeiro capítulo, o scriptor deve advir para o "livro futuro" e não apenas ao Isso que ele necessariamente toca, já que ele está no caminho em direção ao manuscrito que irá produzir. Mas como?

O escritor belga Henry Bauchau sonhava com sua personagem Antígona e levou o sonho em conta no seu romance com o mesmo título. Poucos escritores dizem que sonharam com suas personagens, mas duvido um pouco disso. A criação de personagens ocupa tanto espaço na mente do escritor que, mesmo que não diga, ele deve sonhar com as personagens e muitas vezes levar o sonho em conta sem saber. Sonhar com as personagens significa que o inconsciente se envolve, mas ele se limita a intervir na composição do romance ou também facilita o desejo do escritor?

Bauchau suspeita que ele descobriu uma dimensão de Antígona até então desconhecida por ele, no sonho:

> O que me parece novo nas inspirações desta noite é o lugar de Antígona na história da mulher. Na verdade, a liberdade é geralmente representada por uma mulher e uma mãe. Antígona continua sendo uma moça, nem mãe nem esposa. Só garota, irmã e amante, mas acima de tudo livre. Ela é a única que não se curva à paixão social (Bauchau, Cahier 3, 1993)

Em 14 de setembro de 1996, Bauchau reforçou a caracterização de Antígona e sua profunda proximidade com a personagem:

> Para deixar Antígona falar em mim, devo liberar toda a parte feminina do meu ser. Isso não é feito sem oposição. Muitas vezes, chego a uma Antígona andrógina, que está, sem dúvida, viva em mim, mas que não é toda Antígona porque sua feminilidade também me atrai e me inspira. A escritura em primeira pessoa retarda o texto à medida que a ação se mistura com mais pensamentos e sentimentos. (Bauchau, 1999, 469)

A criação do personagem mobilizou e complementou o pensamento de Bauchau tanto quanto o afetou emocionalmente.

Proust também invoca o sonho, mas de uma forma diferente. Muito antes de começar a *Busca do Tempo Perdido*, tinha ideias bastante claras sobre seu objetivo e absteve-se de divagações como um de seus críticos o acusava. Ele reivindica uma arquitetura ou um raciocínio independente de qualquer influência do sonho sobre o objeto de seu romance.

> A crítica desconhece demais que meus livros são uma construção, mas com a abertura de bússola suficiente para que a construção, rigorosa e à qual eu sacrifiquei tudo, seja bastante longa para discerni-la. Não haverá como negar quando a última página de *Tempo redescoberto* (escrita antes do resto do livro) fechará exatamente na primeira de *Swann*. (Crémieux, 1929) [...] o último capítulo do último volume foi escrito imediatamente após o primeiro capítulo do primeiro volume. Todo o meio foi escrito depois. (Proust, 1919)

Embora ainda ignorante dos caminhos intercalados com muitas bifurcações, que levarão à "história de um espírito e sua salvação através da criação" (Rousset, 1969, 139), Proust faz sonhar seu herói como mostra o folio 18 dos *Soixante-Quinze feuillets* de 1908[36] ou mais cedo, na composição de *Jean Santeuil*. (1971, 820) Além disso, ele anota seus próprios sonhos, como evidenciam as notas do *Carnet 1* de 1908-1911[37]. Proust atribui seus sonhos ao herói no início de *Um Amor de Swann*, e seu narrador conta o sonho da mesma personagem (Proust, 2006, 451-455 e Willemart, 2000, 101) quando

---

[36] A última vez que vi minha mãe nessas estradas escuras de sono e do sonho onde às vezes eu a encontro, ela estava com aquele vestido de crepe, o que significa que ela tinha quando a encontrei no meu sonho ultrapassado os dias que quebraram sua vida, (que tinham) preparado sua morte em poucos meses. Proust, 2021, 41.

[37] "O sonho da mamãe, a respiração dela, se vira, geme. "Você que me ama não me deixa ser reoperada porque acredito que vou morrer e não vale a pena me prolongar". Frase muito próxima da do folio 15 no Cahier 50 (Proust, 2002, 32) e também em *Sodome et Gomorrhe II*, (Proust, 1988, Esquisse, 1033) Sonho. Papai perto de nós. Robert fala com ele, o faz sorrir, faz ele responder exatamente a tudo. Ilusão absoluta da vida, então você vê que morto, estamos quase vivos. Talvez ele estivesse errado na resposta, mas finalmente um simulacro da vida. Talvez ele não esteja morto, (Proust, *Carnets*, 36), Ciúme retrospectivo em sonhos. Proust, *Carnets*, 108.

A minha avó. Toda vez que eu sonho com ela eu achava que ela tinha ido para a cama sem me dizer que eu estava arrependido eu vi Françoise passar furtivamente. Mas não, ela estava deitada, mas ainda não dormindo, mas ela me mandou de volta rapidamente, de repente, como se fosse no dia em que eu tinha preferido todos a ela, e agora ela não queria me ver, e desligando a luz, ela fingia dormir. Proust, *Carnets*, 129-130 e *Sodome et Gomorrhe II*, 1988, 1032.

em *Sodoma e Gomorra*, ele enumera as qualidades do sono profundo: "um segundo apartamento" com seus sinos, servos, visitantes, sua raça andrógina, uma época diferente etc. (Proust, 2008, 443-444)

O sonho faz parte de suas fontes de escritura ou de sua esfera. Será que o fato de tocar o registro do Real pelo sonho afeta sua maneira de pensar, suas relações com seus entes queridos?

Julia Kristeva pensa assim quando comenta sobre o segundo apartamento contido no sonho:

> Estamos diante de duas opções teóricas, (o apartamento como uma caverna sensorial ou como uma câmara remota da sensação sem palavras) nada permite privilegiar uma sobre a outra, exceto a insistência de Proust no tempo perdido, na linguagem perdida. É a todo custo uma questão de fazê-lo acontecer através da escritura. Por que essa urgência estética, metafísica e obviamente terapêutica? Encontrar o tempo seria o fazer acontecer de novo: extrair o sentir de seu apartamento escuro; arrancá-lo do indescritível; dar sinal, sentido e objeção ao que não tinha nenhum. Recuperar a memória seria criá-la, criando palavras, pensamentos novos. Ao confrontar uma sensação imemorial, inscrevendo-a na memória, Proust consegue onde o autista falha. (Kristeva, 1994, 294)

Kristeva reforça a identificação do autor com o escritor e o poder de escritura sobre o autor. Poder reconhecido pelo narrador proustiano quando escreve no caderno 54: "Depois desses capítulos, vou fazer outros bem diferentes onde nunca mais haverá menção de Albertine, onde eu estarei como consolado".

O herói Marcel montado pelo narrador, que monta o escritor, se expressam, os três, nesta frase. É como se o narrador que escreve esses capítulos consolasse o herói, que também é o escritor ferido pela morte de Agostinelli, que assim, esquecerá seu amante. A escritura "terapêutica" nesse sentido esvazia o significante "Agostinelli" de seu conteúdo afetivo, reduzindo-o a um significante comum, o que permite ao escritor continuar escrevendo. (Willemart, 2019, 102)

O Real do escritor acaricia a escritura e se constitui como uma de suas múltiplas causas. Mas como o Real "não deixa de não se escrever", ele permite que o escritor veja sua mudança, mas também dizer como Shane Haddad: "Hoje não sou mais aquela que escreveu esse livro, *Toni tout court*, há um ano". (Haddad, 2021) Ela admite que escreveu o livro, mas não é mais quem era quando o escrevia e se sente diferente.

O autor, "ferido" por essa intervenção do Real, não permanecerá nesta fase, pelo contrário, irá superá-la e usá-la como base de lançamento para se deixar prender na rede muito mais ampla do Real daqueles ao seu redor ou do gozo deles que o levará a agarrar o gozo dos personagens inventados que revelarão outras formas de prosseguir.

A disputa ou luta entre os dois Reais ou esses tipos de gozo acontecerá em cada rasura. Pelo que ele sente, pelo que o entristece ou o alegra, o escritor vai pular para o que sente, aflige e anima a comunidade. Em outras palavras, ou mais amplamente, a partir de "seu corpo falante, real do inconsciente", o escritor enfrentará o não-dito dos outros corpos falantes que o cercam, que engloba os dois gêneros: os horrores ou as emoções alegres.

Ou sejam, os horrores "gozadores" do mundo[38] e o conjunto dos semblantes[39] que os compõe e o traça, conjunto que depende da crueldade, tão enfatizada por Artaud, tão consciente quanto inconsciente: as guerras, a fome, a invasão descontrolada de algoritmos, as desigualdades sociais, a prioridade da economia sobre o clima, a invasão de vírus, a transitoriedade do tempo,

---

[38] O gozo concerne o desejo, e precisamente o desejo inconsciente; isto mostra como essa noção transborda todas as considerações sobre afetos, emoções e sentimentos e levanta a questão de uma relação com o objeto que passa pelo significante inconsciente. [...] o termo "gozo" poderia ser esclarecido recorrendo à sua possível etimologia (a alegria medieval – "*joy*" designa, no poema cortês, a satisfação sexual realizada) e por seu uso legal (o gozo de uma propriedade se distinguindo de sua propriedade). [...] "*J'ouis-sens*" é um jogo de palavras de Lacan que quebra a ideia mítica de um animal monódico se divertindo sozinho sem palavras, sem a dimensão radicalmente intersubjetiva da linguagem. Porque ele fala, porque "o inconsciente está estruturado como uma linguagem", como demonstra Lacan, o gozo não pode ser concebido como essa satisfação de uma necessidade trazida por um objeto que a satisfaria. Só o termo "gozo" é apropriado e ele é *interdito*, não no sentido fácil de ter sido barrado pelos censores, é inter-dito, ou seja, que é feito do próprio tecido da linguagem onde o desejo encontra seu impacto e suas regras. Este lugar da língua, Lacan o chama de o grande Outro e toda a dificuldade deste termo de gozo vem de sua relação com este grande Outro não figurado, este lugar da cadeia significante. [...] (gozo) não de acordo com um ideal de plenitude absoluta, nem de acordo com a inclinação perversa que tenta capturar o gozo imaginado de um Outro subjetivado, mas de acordo com uma incompletude relacionada ao fato de que a linguagem é uma textura e não um ser, *Dicionário de Psicanálise*, (1998, 205-206), sob a direção de Roland Chamana e Bernard Vandermersh.

[39] "o simbólico é uma articulação de semblantes no século XXI". Miller, 2014/3 nº88, 113.

a mortalidade assustadora pela Covid-19, etc., ou emoções esboçadas por semblantes mais agradáveis: os contos de fadas, os mitos e as lendas de todas as culturas, a contribuição de novas invenções, tais como a inteligência artificial, as descobertas científicas recentes, as viagens interplanetárias, etc.

Como enfrentar esses Reais que nos cercam, muitas vezes nos ofendem ou nos excitam, se não pela beleza, "última defesa contra a realidade". (Miller, 2014/3 nº 88, 112) A escritura, como as outras artes, deve ser a última proteção contra esses horrores e contra as emoções de gozo do mundo.

O escritor, portanto, não poderá se isolar em sua torre de marfim, exceto para transcrever o que sua sensibilidade combinada com sua vontade como explorador lhe ditará para inventar seu romance, sua poesia ou seu drama, cada uma de suas obras gerando uma esfera que abrigará seus futuros leitores.

Ao fazê-lo, o escritor estará inclinado a mudar muitas vezes seu pensamento e seus afetos, apesar de si mesmo, não apenas transpondo o impacto sentido em seus personagens, a quem ele dará o ser, ou nas situações que ele descreverá.[40] Num segundo movimento, durante sua releitura, ele será capaz de se projetar, como qualquer leitor de sua obra fará, até ser pego em suas próprias redes por confundir como Balzac realidade e ficção, o ser e o ser forjado, ou, pelo contrário, se libertará, prosseguirá sua pesquisa em outras histórias e o dirá em palavras como o poeta Souleymaine Diamanka escreveu no seu magnífico poema,

OS POETAS SE ESCONDEM PARA ESCREVER

Palavras são as roupas da emoção
E mesmo que nossas canetas vistam bem nossas frases
Elas podem realmente salvar nossos irmãos do naufrágio?

Poetas se escondem para escrever
Não é uma lenda, meu amigo olhe para nós
Nadamos através de rios de lama
Dormimos de estômago vazio na neve e ainda estamos de pé

---

[40] Se pensarmos em termos de neurociência, a imagem cerebral do autor mostraria que áreas de neurônios foram criadas escrevendo sobre este assunto, mesmo que isso significasse que elas seriam remodeladas durante outras leituras ou escrituras sobre outros assuntos. Será o objeto do próximo capítulo.

Poetas se escondem para escrever
Todos purgam sua penumbra
Numa solidão silenciosa que alguns podem temer
Nós somamos as palavras para somar como números
A poesia funciona como uma luz comedora de sombras

Eu gosto deste estado, mas o tempo de espera por ele não é tão terno
Às vezes você quase desespera, tem que beirar o eterno para alcançá-lo
Notório versificador cada rima é uma cachoeira
Em lugares oratórios o público não gosta de frases brandas

Na minha vida eu escrevo mais textos
Do que o grande lago Chade reflete de estrelas
Eu procurei a verdade nas linhas de cada enigma
De cada conto e cada charada
Entrevistei bons médiuns para afastar os *djinns* ruins
E eu respondi Amini (Amém) quando minha mãe me disse *Mbaalen he jam*
   (Boa noite)

Corri atrás dos horizontes em cada página
Com a energia dos antigos possuídos pelo jazz
Por não brincar de esconde-esconde com o Diabo
Poetas se escondem para escrever
Não é uma lenda, meu amigo olhe para nós.
Você e eu, é a escritura que nos une
É na solidão que aprendemos o convívio
E pior para aquele que a negação disso
O sinal passa no verde e a oralidade passa por nós
O verbo uma chave indispensável
Lá fora nos pedem senhas em todos os lugares
Poetas se escondem para escrever
Não é uma lenda meu irmão olhe para nós
Nadamos através de rios de lama
Dormimos de estômago vazio na neve
E ainda estamos de pé (Diamanka, 202. 21)

CAPÍTULO 4

IMPACTO DA ESCRITURA
SOBRE O ESCRITOR

O algoritmo, novo nome do estilo em
formação, no manuscrito.[41]

Se escrever é considerado como um verdadeiro exercício, próximo do atletismo, terá repercussões tanto no cérebro do escritor quanto em sua maneira de escrever.

Neurociência e escritura

Recordemos primeiramente as palavras do Prêmio Nobel de Literatura de 2019, o austríaco Peter Handke: "Eu me tornei escritor. Não se nasce escritor. Tornou-se minha profissão. (Handke, 2020). À medida que o escritor escreve, seu cérebro muda, ou melhor, as áreas dos neurônios se adaptam, aumentando em tamanho e complexidade. O exemplo dos taxistas londrinos ilustra a influência de qualquer atividade humana no cérebro:

> Uma pesquisa, citada com frequência, foi realizada com taxistas londrinos. Na preparação para obter a licença de taxista, eles têm que andar pelas ruas de Londres. Uma ressonância magnética nuclear foi oferecida a eles, no início do treinamento, depois de três meses de prática, e finalmente alguns anos depois. O resultado foi claro: após alguns meses de treinamento na resolução

---

[41] Conferência de abertura no XVº Congresso da APCG em La Plata, 2022 publicada na *Manuscrítica* 49, 2023.

de problemas espaciais, a parte posterior do hipocampo (a base da memória), foi hipertrofiado. Quando a mesma neuroimagem foi oferecida aos motoristas de ônibus, que não têm problemas espaciais para resolver, uma vez que sua viagem é rotineira, não houve mudança na espessura do sistema límbico. Trata-se, portanto, da elaboração, do trabalho mental de representação dos circuitos que, ao fazer os neurônios funcionarem, causaram a hipertrofia. (Cyrulnik, 2020, 3052)

Mas o cérebro não se contenta em ser sensível a uma atividade específica, a cada mudança ou, para um escritor, a cada novo romance, ele recombina as áreas dos neurônios, como testemunha Stanislas Dehaene:

> o cérebro de nossa espécie seria um especialista em recombinação mental, teria evoluído a fim de aproveitar ao máximo o nicho cognitivo da reciclagem neuronal. Apenas nossa espécie, através de seu espaço de trabalho consciente, consegue reutilizar seus módulos cerebrais de acordo com novas sequências e algoritmos inovadores. Nosso córtex pré-frontal funciona como uma máquina de Turing humana[42], certamente lenta e imperfeita, mas cujas invenções, acumulados pela transmissão cultural ao longo dos milênios, ultrapassaram mil vezes as habilidades que nossa espécie herdou de sua evolução biológica. (Dehaene, 2007, 418-419)

Como essas recombinações ocorrem?

O cérebro, que é muito maleável sob o efeito da aprendizagem, modifica não apenas suas conexões entre unidades ou sinapses, mas também suas funções. Le Cun, responsável por pesquisas em inteligência artificial para o Facebook ou agora, o Metaverso, e Prêmio Turing 2019, com base os experimentos com a amplisia de Éric Kandel, prêmio Nobel de Fisiologia em 2000, lança uma hipótese, confirmando Dehaene: "a função emerge como resultado de aprendizagem […] e não por uma pré-programação genética de um 'órgão de visão' no cérebro (por exemplo)." (Le Cun, 2019, 364)

Le Cun lança em seguida uma segunda hipótese, decorrente da primeira, que relativiza mais ainda a influência do patrimônio genético no ser humano: "a possível existência de um "algoritmo universal de aprendizagem" do córtex

---

[42] Veremos no capítulo 6 em que o cérebro se diferencia da máquina de Turing.

(o que) dá esperança aos cientistas de (encontrar) [...] um único princípio organizador que sustenta a inteligência e o aprendizado." (Le Cun, 2019, 364)

Será que é possível encontrar esse algoritmo, cujas condições e ordens poderiam fazer parte do cabeamento instalado no cérebro, desde o nascimento? Tal algoritmo poderia otimizar processos do cérebro de uma pessoa possibilitando o uso de informações, ainda que não vinculadas à sua experiência de vida?.

Este algoritmo faria do nosso cérebro um objeto de enorme maleabilidade, pronto para receber qualquer informação, boa ou ruim, independentemente do meio em que vive uma pessoa e de seus ascendentes, mas não de sua constituição inicial. (Willemart, 2022, 31)

Vamos tentar entender o que acontece com a escritura seguindo a história de sua relação com o cérebro, de acordo com Dehaene.

Os sistemas de escritura, apesar de sua aparente diversidade, adaptaram-se ao cérebro, que longe de ser infinito, é limitado na organização desses circuitos. Analisando o cérebro dos sujeitos "que leem várias escrituras", Dehaene deduz "a universalidade dos mecanismos de representação de palavras escritas". (Dehaene, 2007, 139) O córtex occipito-temporal evoluiu apenas para aprender a reconhecer formas naturais, mas essa evolução o dotou com tanta plasticidade que consegue se reciclar para se tornar um especialista na palavra escrita. (Dehaene, 2007, 203)

E esclarece:

> Então não foi nosso córtex que evoluiu para a leitura — não havia tempo nem pressão seletiva suficiente. Pelo contrário, são os próprios sistemas de escritura que evoluíram sob a restrição de serem fáceis de reconhecer e de aprender por nosso cérebro de primata. (Dehaene, 2007, 203)

Esta tese complementa a de Le Cun, o cérebro sendo limitado não pode construir qualquer rede neural. Não se trata de criar um órgão de escritura como o da visão, mas de dar ao cérebro um mínimo de condições para reconhecer a escritura, que deve ser simplificada para se adaptar ao cérebro de todos, independentemente da cultura e da diversidade das escrituras:

Apesar de sua aparente diversidade, todas as escrituras compartilham muitas semelhanças que podem ser explicadas pela forma como os neurônios do córtex occipito-temporal representam informações visuais. De forma mais geral, a história da invenção da escritura está sendo renovada à luz da neurociência. Traçando essa história, vemos a humanidade na busca incessante por uma notação escrita cada vez mais eficaz que se curva às restrições de sua organização cerebral. Não é, portanto, nosso cérebro que evoluiu para a escritura, mas a escritura que se adaptou ao nosso cérebro. (Dehaene, 2007, 229)

O cérebro é universal no sentido de que qualquer que seja a escritura, em caracteres ocidentais, chineses ou kanji japonês, "ele usa um pequeno repertório de formas básicas cujas combinatórias hierárquicas geram sons, sílabas e palavras".[43] Ou ainda: "todos nascem com um córtex visual capaz de invariância de translação e de tamanho. Todas as culturas, também, tratam a invariância rotacional de forma diferente: os caráteres devem ser sempre orientados na mesma direção" (Dehaene, 2007, 246)

A simplificação da escritura, da imagem aos recursos mínimos exigidos pelo cérebro terá duas consequências maiores: "escrever serve para denotar ideias abstratas e requer um longo aprendizado [...] o que vai tornar (o ato de escrever) arte de uma elite".[44]

A tenacidade e a resistência física dos escritores

[43] Todos as escrituras apresentem à fóvea da retina uma alta densidade de traços contrastantes, muitas vezes preto em um fundo branco: esta apresentação provavelmente otimiza a quantidade de informação que nossa retina e nossas áreas visuais podem transmitir a cada fixação. Todos as escrituras utilizam um pequeno repertório de formas básicas, cujas combinatórias hierárquicas geram sons, sílabas e palavras. Os caráteres chineses e kanji japonês não são exceção: mesmo que sejam vários milhares, cada caráter combina duas, três ou quatro formas básicas, consistindo de alguns traços básicos. Esta organização hierárquica se encaixa estreitamente à pirâmide de áreas corticais que compõem nosso sistema visual, cujos neurônios usam um princípio combinatório semelhante para reconhecer unidades de tamanho e invariância crescentes. Dehaene, 2007, 234-235.

[44] Desde os primeiros artistas que desenharam cabeças de touro muito realistas em Lascaux, até os escribas do Sinai que reduziram esta cabeça a alguns traços, e finalmente até os escritores fenícios e gregos que desenharam a partir dela a forma da letra A, a escritura evoluiu para um conjunto de caracteres simplificados que poderiam ser imediatamente reconhecidos pelos neurônios especializados do córtex ventral occipito-temporal. Por tentativa e erro, ao longo das sucessivas seleções impostas pelas passagens de geração em geração, a evolução cultural convergiu para este pequeno repertório de formas. Marc Changizi tem mostrado a universal presença nas imagens naturais, e que se mostram as mais fáceis de reconhecer por nosso sistema visual. Dehaene, 2007, 254.

O estudo dos rascunhos de Flaubert, Proust e Bauchau e de muitos os escritores mostra a tenacidade implicada no ato de escrever. O embate de Flaubert para escrever cada um de seus romances se estendia por vários anos, em torno de cinco anos no caso de *Madame Bovary*, e mais tempo para as diferentes versões de *La tentation de saint Antoine*, que ele escreveu e reescreveu ao longo de sua vida. Marcel Proust passou pelo menos quinze anos para escrever o conjunto de sua obra. Bauchau levava de dois a três anos para escrever um romance. Georges Simenon venceu todos na corrida, já que terminava um romance policial em 15 dias.[45]

Em outras palavras, nossos escritores demonstram uma resistência física exemplar comparável com os melhores de nossos atletas e isso requer treinamento prolongado e um certo ascetismo. Por isso, Sloterdijk qualifica os artistas de super-homem e de acrobata. (Sloterdijk, 2015, 170)

Como Sloterdijk chegou a essa definição do artista? Lembrando à morte de Deus, dos reis e do homem que os reverenciava, o filósofo se pergunta seguindo Nietzsche, "quem substituirá Deus e reis?"

Tomando como ponto de partida, o artista-acrobata de Zarathustra "que vive do fato de que damos aos espectadores um motivo para olhar para cima", (Nietzsche, 1947, 20-26), Sloterdijk citando o biólogo Richard Dawkins que, em *Cli(AI)mbing Mont Improbable / Escalando o Mont Improvável* (2006), acentua o desejo de qualquer espécie de sobreviver (o "sobre" implicando a ascensão ao topo), que metaforicamente desenha o papel do artista: "O desejo de elevar a improbabilidade ao nível de uma montanha feita de montanhas expressa o ponto mais extremo que uma confissão artística pode alcançar", (Sloterdijk, 2015, 178) e acrescentarei o ponto mais perigoso e exaustivo. Essa qualidade trabalhosa explicaria a renúncia à literatura de Arthur Rimbaud com vinte anos?

---

[45] Como ele trabalhava? Ele se dava quinze dias para preparar seu trabalho, dividido da seguinte forma: um dia para preparar os roteiros, um dia para construir seus personagens, dez dias para estruturar sua trama, um dia para sintetizar tudo, dois dias para refinar. Uma vez que sua preparação estava completa, ele escrevia um capítulo por dia, trabalhando das 6 horas da manhã até às 18h00. Seu objetivo: criar um romance para o público em geral de 180 páginas em formato de bolso. Seu romance consiste em 11 capítulos de 17 páginas impressas (cerca de 10 páginas no corpo 12). Todo dia ele tinha que escrever 10 páginas. No 12º dia, ele relia o todo, corrigia e depois entregava para passar a limpo. <https://csaintonge.wordpress.com/2013/03/16/roman-la-methode-simenon/>.

Retomando a teologia de Nietzsche, Sloterdijk prossegue: "Continuará a haver Deus e deuses, mas eles não serão nada mais do que imanentes ao homem, e apenas na medida em que há criadores que se ligam ao que foi alcançado para ir mais alto, mais rápido e mais longe." (Sloterdijk, 2015, 178)

A criação nunca será *ex nihilo*, mas sempre será "a retomada do primeiro movimento [...] na rotação da roda que rola por si só". Nesta expressão (de Nietzsche) entra em jogo a melhor escolástica, para a qual o "por si" significa a dimensão cinética do *em si* e do *por si*. (Sloterdijk, 2015, 178)[46] Não será, portanto, a reprodução do mesmo ou a repetição do presente. Pelo contrário, "dando origem a elevadores adicionais do improvável, aclama-se a dinâmica da elevação do improvável como um todo. [...] Somente, um homem desse tipo (o artista) não se assumiria mais como um parâmetro para o futuro da próxima geração — e *a fortiori* de seus antepassados." (Sloterdijk, 2015, 179) [47]

Nenhum escritor ou artista deve se achar "a norma", "o modelo"; o verdadeiro artista, pelo contrário, verá seu sucesso ou o resultado alcançado como um novo patamar a ser suplantado. Como o poeta franco-senegalês Souleymaine Diamanka, ele dirá a seu sucessor "então adiciona o que você é acima do que eu sou.[48]

Da mesma forma, Proust não inventa a distinção entre memória voluntária e memória involuntária. Ele a retoma de Bergson:

> se Proust e Bergson partem de uma observação inicial semelhante quanto as duas memórias teoricamente independentes (tanto pelo seu modo de conservação quanto de reprodução do passado), uma vez que uma é obtida pelo

[46] Para a filosofia de Sartre, "em si" (*en soi*) se refere ao mundo das coisas físicas (um cortador de papel, um cinzeiro), um mundo fixo e estático no qual as coisas têm uma essência, ou seja, uma função determinada. O "por si" (*pour soi*), pelo contrário, refere-se ao mundo da existência. O homem é, portanto, um ser por si, em outras palavras, sem essência, ele é apenas uma existência livre lançada ao mundo. Cabe a ele construir uma essência.

[47] "O ancião de pele escura e com olhos de chuva falando comigo dizendo algo assim/hoje esquece o que você é e torna-se o que eu sou/então adiciona o que você é acima do que eu sou/assim sua iniciação será um sucesso/e o ancião olhou o céu nos olhos e disse/bem-vindo ao clã dos doadores de honra." Diamanka, 2021, 83.

[48] Alexandre Dumas colocou de outra forma: "porque são os homens, e não o homem que inventa; cada um chega por sua vez e, em seu tempo, aproveita as coisas conhecidas por seus pais, as implementa por novas combinações, e depois morre depois de adicionar algumas parcelas à soma do conhecimento humano, que ele lega aos seus filhos; uma estrela na Via Láctea". Dumas, 1833. Cité par Mombert, 2022.

hábito e se reproduz automaticamente e a outra é adquirida espontaneamente e se reproduz aleatoriamente (como demonstra todo o famoso episódio da madeleine), eles realmente chegam a conclusões diferentes. Na verdade, se Bergson realmente leva a uma superação da teoria psicológica da memória, Proust elabora um trabalho no coração do qual a memória aparece como o próprio lugar de uma ontologia da Presença, uma presença suave e rasgada do que dura, que Bergson não mantém além em *Matéria e da Memória*. (Aubert, 2011)

Por outro lado, seguindo a tese de Fillipe Mauro, Proust inspirou escritores brasileiros como: Pedro Nava, Cyro dos Anjos e Jorge Andrade e quantos outros no mundo inteiro, que subiram em cima da montanha proustiana divulgando ecos da leitura da BTP cada um a sua maneira.[49]

Pedro Nava, Jorge Andrade e Cyro dos Anjos se encontram a ponta de um longo itinerário de subjetivação das alusões ao romance de Marcel Proust; apresentam, em consequência desse esforço, o repertório mais completo de temas, motivos e traços de estilo derivados da *Recherche*; e logram, na resultante desses dois vetores, exprimir uma visão crítica e aprofundada do processo civilizatório brasileiro. (Mauro, 2022, 268)

Lembrando a corrida de obstáculos nas provas de atletismo, Sloterdijk aproxima este esporte do trabalho do criador: "Para aqueles que perderam a fé na onipotência dos obstáculos [...] o que o precedeu constitui o acampamento de base para a próxima partida. A partir deste ponto, apenas o caminho acrobático ainda está aberto. (Sloterdijk, 2015,180)

Lembrando o percurso de obstáculos de qualquer atletismo, Sloterdijk aproxima este esporte ao trabalho do criador: "Para aqueles que perderam a fé na onipotência dos obstáculos [...] o que o precedeu constitui o acampamento

---

[49] Mundo afora, o fértil jardim da *Recherche* se frutificou em uma verdadeira legião de escritores da maior relevância. Estuda se, na Itália, o Proust de Attilio Bertolucci (*La Camera da letto*), de Giorgio Bassani (*Il Giardino dei FinziContini*), de Curzio Malaparte (*Kaputt*), de Natalia Ginzburg (*Lessico famigliare*). Nos Estados Unidos, Proust impregnou Nabokov (*The real life of Sebastian Knight*) e Edmund White (*A boy's own story*). Proust chegou à Rússia, vimos há pouco, nos seis volumes dos Contos de Kolimá de Chalámov. Está na base dos outros seis volumes do Min kamp do norueguês Karl Ove Knausgård. Com maior ou menor justeza, José Lezama Lima acabou alcunhado de "Proust caribenho" ou "Proust cubano" pelo romance Paradiso, que ele publicou, feito Pedro Nava, já ao final da vida. Há também quem compare Los recuerdos del porvenir, da mexicana Elena Garro, a certos pontos da estética proustiana. Mauro, 2022, 291.

de base para a próxima partida. A partir deste ponto, apenas o caminho acrobático ainda está aberto. (Sloterdijk, 2015,180)

O artista comparado ao atleta trabalhará tanto o corpo quanto a mente e se definirá como "a somatização do improvável", (Sloterdijk, 2015,181) o que faz entender o esforço exigido de nossos escritores lembrados acima. Os anos passados antes da realização da obra, sejam eles escritores, pintores, escultores, músicos ou até críticos, servem de treinamento para superar obstáculos de todos os tipos e fazer advir uma nova obra.

Impossível separar corpo e mente, corpo e cérebro. O ascetismo do corpo vai trabalhar uma zona de neurônios que acumulará os algoritmos necessários à formação de um estilo próprio do autor.[50]

Aliado ao improvável que será inscrito no corpo, o novo estilo levará o escritor a superar todas as previsões criando novas e a superar a si mesmo, o advérbio "sobre" implicando a ascensão ao topo que abra "o acesso a objetos mais altos sem quebrar laços orgânicos" ou, em qualquer caso, "você tem que levar seu corpo com você [...] como Nietzsche entendeu. (Sloterdijk, 2015.183-184)

Escavar pelo alto complementa a liberação pelo inconsciente

Crítica direta da psicanálise para quem o homem não é mais dono de suas decisões,[51] Sloterdijk apoia a "subversão de cima" onde, como o saber do homem cantado pelo Coro em *Antígona* de Sófocles,[52] "o artista mina — o

---

[50] O congresso americano, no seu projeto de Algorithmic Accountability de 2019 define um algoritmo como um "sistema de tomada de decisão automático [...] A inteligência artificial não é artificial (requer muito trabalho humano), nem inteligente se não estúpida. Patino, 2022, 115 e 123.

[51] Sloterdijk não parece entender o propósito da psicanálise, que é reconhecer a força do inconsciente, "somos falados", como argumentou Lacan, mas a partir de lá o analisante libera os significantes presos ao conteúdo "primitivo" para deixá-los deslizar na cadeia significante segundo seu desejo.

[52] Mas, assim, mestre de um saber cujos recursos engenhosos excedem toda a esperança, ele pode então tomar o caminho do mal, bem como do bem. Que ele faça, portanto, neste saber uma parte às leis de sua cidade e à justiça dos deuses, para a qual ele jurou fé! Ele então vai subir muito alto em sua cidade! v. 332: Sófocles, *Antígona*, (trad. de Mazon, Ph Willemart), ou trad. de Guilherme de Almeida: Senhor de arte e de engenho que ultrapassam qualquer sonho, pode preferir tanto o mal com o bem. Quando respeita as leis e o julgamento dos deuses, é digno da pátria. <https://dokumen.pub/qdownload/antigona-trad-guilherme-de-almeida.html>.

existente — de cima [...] e se esconde no "akro" da palavra "acrobata", (o que significa) andar na ponta dos pés". (Sloterdijk, 2015, 184)

Recordando o sonho de Jacó, no qual uma escada é percorrida em ambas as direções por anjos, (Soares, *Gênesis*, 1956, 47) "espécie de *superman*", (Sloterdijk, 2015, 185) esses mensageiros de Deus, acrobatas virtuosos por seus exercícios "sempre contribuíram para um trabalho artístico de minar o ser humano de cima". (Sloterdijk, 2015, 185)

Como relacionar artistas a anjos?

> Nietzsche manda Zarathustra dizer a seus amigos que ele queria mostrar a eles "todos os escalões que levam ao super-homem" [...] Nietzsche (tem) passado, implicitamente, para a lógica da escalada do improvável no curso da evolução, uma lógica que é de natureza completamente diferente. Com sua ajuda, a metamorfose dos anjos em artistas passa quase despercebida. Da mesma forma que realizaram seus serviços como mensageiros de Deus, eles agem como mensageiros da arte. Eles proclamam esta boa e assustadora notícia: estamos levantando cadeias de montanhas cada vez mais altas e mais sagradas. (Sloterdijk, 2015, 187)

A liberação pelo inconsciente

Este esforço nietzschiano desejado pelo filósofo alemão se opõe à atitude exigida do scriptor a quem apoio há muito tempo, que, ao contrário do acrobata de Zarathustra, se submete à escritura e à tradição. Enquanto enfatizo um primeiro movimento de submissão do artista necessário para superar sua singularidade inconsciente, Sloterdijk realça o segundo movimento que é a vontade do artista. Os dois movimentos se complementam, não se opõem, mas são indispensáveis um ao outro. Ignorando esse primeiro movimento, o filósofo alemão parece não entender o propósito da psicanálise que é reconhecer a força do inconsciente, "somos falados" como argumentou Lacan, mas para libertar os significantes presos nas redes do passado e retomar a conduta de sua existência aliviada desse peso. Neste sentido, não há necessariamente progresso na mesma direção, mas possivelmente ramificação ou amplitude de existência e redirecionamento.[53]

Qual é o papel do improvável na crítica genética ou na teoria crítica dos processos de criação?

Enquanto o artista se prepara para explorar a montanha embarcando no improvável, ele já preencheu muitos cadernos ou folhas soltas que constituirão seus arquivos.[54] Seguindo o exemplo de Foucault em seu estudo de autores antigos, o geneticista explora a montanha do improvável, outro nome para os manuscritos ou esboços do autor estudado; como um engenheiro de mineração, ele atravessa os antigos corredores para descrever a física dos arquivos sabendo que "o que parece uma única montanha, é na verdade um conjunto de picos culminantes sempre singulares" (Sloterdijk, 2015, 224). Cada rasura é o primeiro passo para inventar um pico culminante. Não é uma definição fantástica da rasura que faz da caminhada até o topo uma aventura constante cheia de incertezas?

Os manuscritos transformam os artistas e escritores?

Voltamos à pergunta inicial: os manuscritos transformam os artistas e escritores?

[53] Michel Houellebecq diz isso de outra maneira: "Ser um artista, aos seus olhos, era acima de tudo ser uma pessoa *submissa*. Submetido a misteriosas mensagens imprevisíveis, que se deveria ter, portanto, por falta de melhor definição e na ausência de qualquer crença religiosa, qualificar *como intuição*; mensagens que comandam, de maneira imperiosa, categórica, sem deixar a menor possibilidade de evitá-las — exceto de perder toda a noção de integridade e todo o respeito por si mesmo". Houellebecq, 2010-104.

[54] O arquivo define um nível particular: o de uma prática que traz à tona uma multiplicidade de afirmações como tantos eventos regulares, como tantas coisas oferecidas ao tratamento e à manipulação. Ele não tem o peso da tradição; e não constitui a biblioteca sem tempo ou lugar de todas as bibliotecas: mas também não é o esquecimento acolhedor que abre a cada palavra nova o campo de exercício de sua liberdade; entre tradição e esquecimento, revela as regras de uma prática que permite que as afirmações subsistam e mudem regularmente. Este é o sistema geral de formação e transformação de declarações. Foucault, 1969, 171.

Lembrando o exemplo dos táxis londrinos, Boris Cyrulnik deduzia "que o cérebro adquire uma capacidade de perceber um tipo de mundo mais facilmente" (2020, 3053) ou, que qualquer atividade repetida cria no cérebro uma zona especializada justificando a tese de Sloterdijk que, vamos lembrar, falando desta vez de jogadores ou de atletas e não mais de artistas, qualifica os arquivos de

> exercícios, ou seja, formas de vida envolvendo aqueles que praticam [...] e que eles acessam a ponte de comando de sua auto-transformação apenas na medida em que eles esclarecem os jogos em que eles estão aninhados explicando-os pelo que eles são. (Sloterdijk, 2015, 213)

A analogia entre jogadores e artistas para aqui. Mesmo que seja verdade que os atletas só mudarão suas vidas se tomarem conhecimento das leis dos jogos em que participam, artistas e autores terão que confiar na dimensão inconsciente de suas ações que os impedirá de conhecer plenamente os mecanismos de sua escritura.

Duas perguntas surgem:

1. A relação entre a consciência dos mecanismos da arte e a transformação do sujeito que os executa é óbvia para os artistas como deveria ser para os atletas?

2. A conscientização dos mecanismos utilizados é possível e em que medida?

Respondendo à segunda pergunta, colocarei artistas e escritores em uma escala que vai desde a compreensão clara até a inconsciência total dos processos utilizados.

Em outras palavras, eles sofrerão com mais ou menos tolerância de serem scriptores a serviço de pedra, da língua, das formas e das cores etc., ou reivindicarão sua total independência do assunto, denegando a submissão e recusando-se a passar por esta instância.

José Saramago, que provavelmente não considerava o narrador como uma instância, mas como sujeito, nega a figura do narrador, *a fortiori* a do scriptor: "a figura do narrador não existe, apenas o autor exerce uma verdadeira função narrativa na obra de ficção", escreveu na revista portuguesa *Ler*. (Saramago, 1997, 36).[55]

Georges Simenon, que nunca teve muito tempo para pensar em escrever seus *Maigret* escritos em 15 dias, sabia que ele trabalhava com os pontos de vista e a voz.[56] Tanto Saramago quanto Simenon haviam se perguntado sobre sua escritura e não estavam no ponto zero ou extremo de negação.

Na outra ponta da escala, vou pelo menos colocar na literatura francesa Paul Valéry, seu mestre Stéphane Mallarmé, Gustave Flaubert e Marcel Proust, que não desmontaram todos os mecanismos da escritura, mas entenderam alguns. Flaubert definiu seu papel na linha de Nietzsche:

> O artista deve elevar tudo; é como uma bomba; ele tem nele um grande cano que desce para as entranhas das coisas nas camadas profundas. Ele aspira e faz nascer ao sol feixes gigantes do que era plano no subterrâneo e que não podíamos ver. (Flaubert, Gustave, *Correspondance*, citado por Juncker, Nice, 2020, 71)

Por outro lado, o narrador proustiano adverte os escritores sobre teorias lembrando como deve escrever:

> Um livro eivado de teorias é como um objeto com etiqueta de preço. E esta exprime ao menos um valor que, ao contrário, em literatura, o raciocínio lógico diminuiu. Raciocina-se, isto é, vagabundeia-se, quando não se consegue fazer passar uma impressão por todos os estados sucessivos que conduzem a sua fixação, à expressão de sua realidade. A realidade a traduzir dependia, só agora eu entendia, não da aparência do assunto, mas do grau de penetração dessa impressão nas profundezas onde nada significa a aparência. (Proust, 2013, 224)

---

[55] Saramago, 1997, 35 a 41.
[56] Alavoine, 2001, 49-61.

Explicitar os mecanismos da arte que a maioria dos artistas não dominam, é a função da crítica.

Quanto à primeira pergunta, é difícil responder; mas o aviso do mesmo narrador nos desencorajaria, as obras dos grandes artistas não têm nada a ver com a vida deles:

> A rigor, podemos nos consolar do pouco prazer experimentado na companhia de um Vinteuil (gênio musical), de um Bergotte (autor admirado pelo herói), já que o burguesismo muito pudibundo de um, os defeitos insuportáveis do outro nada provam contra eles, seu gênio se manifestando em suas obras. (Proust, 2013, 42)

O artista e escritor só deveriam trabalhar e considerar suas obras como um exercício para alcançar o improvável. Se o exercício da arte ou da escritura transformam suas atitudes na vida importa para a sociedade, incluindo a crítica, apenas na medida em que seu efeito é prejudicial. Gisèle Sapiro, mais matizada do que a narradora proustiana, se preocupa com a disseminação de ideologias de extrema-direita em obras antissemitas como Louis-Ferdinand Céline ou nazistas como Martin Heidegger ou mentalidades racista e antifeminista difundida entre autores menos conhecidos e nas redes sociais. A socióloga coloca em jogo as vantagens e desvantagens de publicar esses autores conhecendo sua vida moral, mas não se preocupa com a vida com eles. (Sapiro, 2022)

O crítico dos processos de criação terá, portanto, de se preocupar com isso nessa medida, mas se concentrará principalmente nos exercícios praticados no manuscrito ou nos esboços para compreender alguns mecanismos usados até um dos picos da montanha do improvável.

Para concluir, sublinho que este novo nome, o atleta-escritor-artista, se enquadrará na cúpula dos Jogos Olímpicos criada em 1896 por Pierre de Coubertin, competições criadas para "se tornar a forma mais global de organização do comportamento humano de esforço e do exercício que já foi observada fora dos universos de trabalho e da guerra. (Sloterdijk, 2015, 227)

O atleta-escritor se esforçará para conquistar a medalha do mais alto, do mais distante e do mais rápido, escalando a montanha do improvável que ele oferecerá aos seus leitores, garantindo-lhes não somente uma proteção adicional contra suas angústias (opção freudiana), mas um alvo que os aprimora em sua condição humana e "causa uma aceleração de sua autoconsciência". (Sloterdijk, 2015, 227).

CAPÍTULO 5
IMPACTO DA LEITURA NO LEITOR E NO PESQUISADOR[57]

Falar sobre os efeitos da leitura sobre o leitor lembra inegavelmente o texto de Proust intitulado *"Journées de lecture"* de 1906, no qual ele contesta a tese do famoso crítico de arte inglês John Ruskin, que retomava Descartes: "ler todos os bons livros é como uma conversa com as pessoas mais honestas dos séculos passados que foram os autores" (Proust, 1971, 173):

> O que difere essencialmente entre um livro e um amigo não é sua maior ou menor sabedoria, mas a forma como nos comunicamos com eles, a leitura, ao contrário da conversa, consistindo para cada um de nós a receber a comunicação de outro pensamento, mas enquanto permanecemos sozinho, ou seja, continuando a desfrutar do poder intelectual que temos na solidão, o que a conversa dissipa imediatamente. (Proust, 1971, 174)

Proust constata os limites da leitura que: "está no limiar da vida espiritual: pode nos introduzir a ela: não a constitui" exceto "em certos casos patológicos [...], de depressão espiritual, onde a leitura pode se tornar uma espécie de disciplina curativa e ser responsável por reintroduzir numa mente preguiçosa a vida da mente" (Proust, 1971, 178), mas ele reconhece sua importância: a leitura em si mesmo "cujas chaves mágicas abrem para nós nas profundezas de nós mesmos a porta das moradias onde não poderíamos ter entrado" (Proust, 1971, 180)

Primeiro, vamos aproximar a reflexão de Proust das descobertas do neurocientista Stanislas Dehaene, em seguida, detalhar os efeitos da leitura

---

[57] Texto publicado em *Leitura Literária*, Passo Fundo, Press UFF, 2023.

sobre o leitor comum e, num terceiro passo, ilustrar esses mesmos efeitos no crítico genético percorrendo os manuscritos ou os acervos.

1. Os efeitos da leitura no cérebro

> Assim começa a esboçar-se um consenso em torno de uma ideia simples: o cérebro de nossa espécie seria um especialista em recombinação mental, [...]. Apenas nossa espécie, através de seu espaço de trabalho consciente, consegue reutilizar seus módulos cerebrais de acordo com novas sequências e algoritmos inovadores. Nosso córtex pré-frontal [...] cujas invenções, acumuladas pela transmissão cultural ao longo de milênios, excederam mil vezes as habilidades que nossa espécie herdou de sua evolução biológica. A leitura faz parte dessa "nova herança". (Dehaene, 2007, 418-419)

A leitura, um fenômeno recente na evolução do cérebro[58], é o resultado de combinações de zonas de neurônios se ajustando entre si.[59] Essa evolução é universal e compartilhada por todas as civilizações independentemente da escritura, como evidenciam as observações sobre diferentes línguas:

> [...] A leitura do mandarim faria mais uso do hemisfério direito, considerado "holístico", enquanto a leitura das escrituras alfabéticas envolveria mais o hemisfério esquerdo. Em suma, as diferenças culturais resultariam em mudanças significativas nos circuitos cerebrais da leitura. Hoje, a imagiologia cerebral mostrou claramente que este não é o caso: a leitura em chinês ativa a região occipitotemporal ventral, com uma lateralização significativa em favor

[58] O cérebro humano nunca evoluiu para leitura. Nenhum grande arquiteto grampeou nossos cérebros para nos tornar leitores de seu Livro. Pelo contrário, é a própria leitura que evoluiu para apresentar uma forma adaptada aos nossos circuitos. Em alguns milhares de anos de tentativas e erros, todos os sistemas de escritura convergiram em soluções semelhantes. Todos eles usam um simples conjunto de caracteres, que nossa região occipitotemporal esquerda não tem dificuldade intransponível de aprendizagem e que consegue se conectar às áreas da linguagem. Dehaene, 2007, 394.

[59] No caso da leitura, a pedra fundamental parece ser a migração harmoniosa dos neurônios corticais para a região temporal esquerda e sua conexão com regiões visuais e linguísticas. Este é um projeto muito complicado: para guiar os neurônios que viajam da região ventricular até seu destino final, andaimes são criados pela primeira vez formados por longos filamentos radiais de células gliais. Então, cada célula gliais mãe se divide, e suas células filhas se tornam os neurônios que literalmente rastejarão ao longo de sua mãe até o córtex. Dehaene, 2007, 333.

da esquerda. É surpreendente notar que há vários milhares de quilômetros de distância, apesar das diferenças de metodologia, recrutamento, morfologia craniana, educação e sistema de escritura, as coordenadas da região ativada em chinês podem estar a apenas alguns milímetros de distância daquelas observadas em um sujeito de língua francesa que lê palavras impressas em caracteres latinos. (Dehaene, 2007, 139)

Independentemente do tipo de escritura e sua localização geográfica, a mesma área do cérebro está concernida com a leitura, tolerando algumas modificações dependendo das línguas:

> Se contrastarmos a leitura em italiano, uma língua muito regular, e em inglês, onde as exceções abundam, vemos pequenas modulações dentro de uma vasta rede de áreas cerebrais comuns (no centro): o italiano facilita o acesso direto às áreas auditivas do lobo temporal, enquanto o inglês solicita um pouco mais a região da forma visual das palavras e da região frontal inferior esquerda (Paulesu e collab., 2000).

Mas este nem sempre foi o caso:

> Essa invasão, parcial ou total, por um novo objeto cultural, de territórios corticais inicialmente evoluídos para uma função diferente [...] A reciclagem neural é uma reconversão: transforma uma função que antes tinha sua utilidade em nosso passado evolutivo, em uma nova função mais útil no contexto cultural atual. (Dehaene, 2007, 394)

Daí o aprendizado cultural

> não é baseado principalmente em mecanismos gerais de aprendizagem, mas em circuitos neurais pré-estabelecidos cuja função é estritamente definida. No caso da leitura, esses circuitos começam a ser conhecidos com grande precisão: estes são os circuitos de reconhecimento visual invariante e suas conexões com as áreas da língua falada. Sua rica estrutura e capacidade de aprendizagem, comuns a todos os primatas, delineiam uma pequena franja de sistemas de escritura admissíveis. (Dehaene, 2007, 394)

No prefácio do livro de Dehaene, o biólogo Jean-Pierre Changeux discorda do linguista Noam Chomsky para quem "a gramática generativa seria a expressão de disposições 'geneticamente determinadas', como seria a organização do sistema visual [...] o problema é que a relação entre as disposições genéticas e a organização do sistema visual está longe de ser simples e, acima de tudo, entendida".[60] (Dehaene, 2007, 394) Os resultados da imagiologia cerebral sublinham a existência de circuitos neurais pré-estabelecidos com uma função determinada e revelam uma ligação muito marcante entre o reconhecimento visual e a linguagem falada, entre o órgão de visão e o da fala que foram adquiridos gradualmente e não são inatos.

A transição da fala para a leitura também não é inata; algumas das regiões envolvidas tiveram que mudar seu código:

> Em resumo, quando uma criança aprende a decifrar uma escritura alfabética, não só suas áreas visuais devem aprender a dividir a palavra em letras e grafemas, mas algumas de suas regiões envolvidas na análise da fala devem mudar o código para representar fonemas. As duas alterações devem ser coordenadas antes que surja uma via eficaz de conversão grafema-fonema. (Dehaene, 2007, 394)

Mas este nem sempre foi o caso:

> Essa invasão, parcial ou total, por um novo objeto cultural, de territórios corticais inicialmente evoluídos para uma função diferente [...] A reciclagem neural é uma reconversão: transforma uma função que antes tinha sua utilidade em nosso passado evolutivo, em uma nova função mais útil no contexto cultural atual.

Essas mudanças de código devem-se, entre outras coisas, à exiguidade do cérebro:

---

[60] O problema é que a relação entre as disposições genéticas e a organização do sistema visual está longe de ser simples e, acima de tudo, compreendida! A genética dos distúrbios da linguagem falada, muito promissora, revela a importância de genes como o FoxP2, que alguns apressados como Steven Pinker, "genes da linguagem". No entanto, ironia! eles são encontrados em animais... que não falam! Dehaene, 2007,16.

As culturas humanas não podem ser esses imensos espaços de infinita diversidade e de invenção arbitrária que alguns pesquisadores das humanidades nos descrevem. Estruturas cerebrais restringem construções culturais. Nossa capacidade de invenção não é infinita, é baseada num jogo de construção neural que nos é imposto. Se apresenta o surgimento de uma diversidade muito grande, é porque ela emerge das combinatórias exponenciais de um repertório limitado de formas culturais fundamentais. (Dehaene, 2007, 394)

Dehaene insiste nas limitações do cérebro e refuta a concepção de "pesquisadores nas humanidades" que, sem experimentos de imagiologia cerebral, imaginam um cérebro com infinitas possibilidades. No entanto, ele reconhece sua "grande diversidade" devido à combinatória desses poucos elementos e acrescenta a base fisiológica: a expansão desproporcional do lobo frontal em comparação com os primatas,[61] e consequentemente: "o aumento maciço, em humanos, da capacidade de síntese e recombinação consciente".

2. As consequências dessa descoberta na vida do leitor

Quanto mais lemos, mais o cérebro se adapta e cria áreas ligadas à leitura. Além dessa mudança no nível fisiológico legível somente pela imagiologia cerebral, pergunto até que ponto, a leitura influencia não só o comportamento, mas o pensamento e até mesmo a concepção do mundo do leitor.

O leitor certamente não será como o escritor que preenche fólios para escrever seu livro, trabalhando os esboços durante muitos anos, tornando-se um atleta de sua espécie (Sloterdijk, 2015, 170).

Pelo contrário, a leitura vai encontrar o leitor numa pose indiferente e tranquila, até "nonchalante", pronto não apenas para sentir as paixões dos personagens e viver suas aventuras, mas por elas, se ouvir[62] ou se ler como já foi lembrado no capítulo dois.

---

[61] A mais notável das adaptações humanas é a expansão dos feixes de conexões que formam a matéria branca subjacente ao córtex frontal. Alguns feixes de longo alcance, como aqueles que conectam diretamente o polo occipital ao córtex pré-frontal inferior, até parecem existir apenas em humanos. Dehaene, 2007, 412.
[62] "Estranhamente, "a escuta" não é um conceito linguístico. Pelo menos não faz parte da paisagem conceitual das ciências linguísticas, como demonstra sua omissão frequente, se não sistemática, em dicionários especializados. Como o silêncio, a escuta faz tipicamente parte de suas noções metalinguísticas

Assim, a leitura causará uma "aceleração da autoconsciência" e consciência do mundo em que vive.

Tratei disso em *A escritura na era da indeterminação* quando me perguntava como e porque a leitura d*a Carta Roubada* de Poe, muda a roda da leitura.

> Trata-se de refazer seu mapa erótico, filosófico, literário e artístico de alargá-lo a outras dimensões, reconhecer que a parte dele implicada serviu de gancho. Refazer o mapa não é simplesmente acrescentar elementos. Se pensarmos em termos de psicologia no espaço, teoria defendida em *O Tempo Redescoberto*, por Marcel Proust, a revolução ao redor de uma sensação de estranheza ou de um livro, como os seminários de Lacan ou de uma obra estudada para uma tese, ou uma frase, até mesmo uma palavra que não para de nos perseguir, essa revolução, que nos coloca fora do tempo e suscita o novo espaço tempo enriquecedor, relativiza as revoluções anteriores, ultrapassando a psicologia plana[…] a mudança exigida não se limitará a uma dimensão inconsciente pouco perceptível, mas afetará certamente a abordagem dos textos literários. Cada um de nós poderá conferir isso e ver o impacto da leitura na sua prática. (Willemart, 2019, 176)

Comentando *Ulisses* de Joyce neste mesmo livro, insistia no momento de pausa durante a leitura que, semelhante à rasura que mergulha o escritor de novo no Outro, faz ouvir ao leitor os ecos de sua alma: "A alma do leitor que não vê seu corpo lendo, mas que já saiu para ficar, para montar, navegando pelo mundo que a intriga narra" (Quignard, 2009, 76).

Além do gesto de leitura, o leitor se divide sem saber: enquanto um lê, o outro se desprende do primeiro, ao ponto de continuar agindo sem a necessidade de leitura; ele sai na aventura não mais como Magalhães, explorador do Novo Mundo, mas seguindo os passos dos seres ficcionais imaginados pelo autor; o leitor descobre um universo diferente embora já explorado pelos personagens. Se deixando tentar pelo "novo mundo", ele se

---

que a busca pela tecnicidade tornou obsolescente ou invisível. No entanto, é o lugar onde a palavra é cumprida: ainda mais revelador do que a maneira como falamos, a maneira como ouvimos, determina muitas vezes do que é falado. E aqui, mais uma vez, só podemos ser atingidos pela falha que separa essas duas ciências da fala que são a linguística e a psicanálise. A escuta que uma abandona, a outra faz dela não só o objeto de sua reflexão teórica, mas o próprio centro de sua prática. (Bravo, 2021, 50-51) "A realização do sentido não ocorre naquele que fala, (ou quem escreve, devo acrescentar), mas naquele que escuta". Braunstein, 2016, 84, citado por Bravo, 2021, 51.

torna explorador, seguindo as pistas já traçadas, guiado por esses "novos companheiros" que ele adota.

O movimento de adesão ou não às personagens decorrerá da coincidência dos acontecimentos lembrados pela memória voluntária usando a inteligência, chamados poeticamente: "trepidações da turbina da memória" (Van Reybrouck, 2021, 10) e aqueles encontrados pela memória involuntária através da sensação.

Seus novos amigos o envolverão em seus hábitos, no seu modo de vida, irão excitar suas paixões, se introduzirão no seu vocabulário, com novas palavras ou expressões que certamente enriquecerão sua linguagem,[63] o colocarão em contato com situações estranhas como o amor por uma porca, (Dieudonné, 2021, 82) ou um cavalo-personagem, (Dieudonné, 2021, 113), ou o mundo das drogas, (Cherigui, 2021), ou uma intervenção do diabo (Singer, 1993, 81) ou em outro registro, a leitura o fará reviver no universo latino das disputas pelo poder através de conspirações e denúncias durante o reinado do Imperador Diocleciano relatadas pelo historiador Tácito. (Kaddour, 2021)

A relação entre a pintura e o espectador requer um tipo diferente de adesão de acordo com Caspar David Friedrich (1774-1840), pintor de *O Corvo*, ele disse aos discípulos que queriam segui-lo no seu caminho: "Feche o olho do seu corpo, para que você possa ver sua pintura primeiro através do olho da mente. Então traga à luz o que você viu na escuridão, para que sua visão possa agir sobre os outros, de fora para dentro" (Schlesser, 2024, 176-177)

Ainda diferente será a impressão de ouvir um poema como *Ser humano de outra forma* de escritor peul-senegalês, Diamanka, levará o leitor para o mundo musical que rompe as fronteiras entre os povos e amplifica a existência no mundo: "um único povo visto de lá em cima".

Ser humano de outra forma

Está na hora de ser humano de forma diferente.
Para devolver nosso amor ao mundo

---

[63] Dieudonné, 2021, apresenta personagens de todas as classes sociais que frequentam um posto de gasolina ao longo da rodovia com vocabulário múltiplo que vai de gírias a Franglais (mistura de gíria francesa e inglesa): "Levi's low waist size 26" (15), "pole dance" (15), "guindadráp" (massacre de golfinhos 35), "tiroteio", (36), "teucha" (39)", "Eu ataco" (46), palavras ou expressões muitas vezes ignoradas pelo leitor comum.

Se você também sua árvore genealógica é um eucalipto arco-íris

Se você também conhece a magia da mistura dos materiais que somente a arte ensina

Se você também já ouviu falar da lenda do dilúvio e da grande arca antiga.

Então você sabe que a humanidade tem um só povo vista lá em cima.

Um único povo com múltiplas línguas, múltiplas culturas e múltiplas cores de pele.

Se você também sonha que a paz está sendo preparada rio acima nos poemas de amor

Se você é capaz de aprender a falar todos os dialetos do mundo num verdadeiro ato de bravura.

Porque a diferença só serve à complementaridade dos saberes.

E que este seiva pode ser saboreado.

Então você sabe que a humanidade só tem um povo vista lá em cima.

Um único povo com múltiplas línguas, múltiplas culturas e múltiplas cores de pele.

Se você também no silêncio da cidade você solicita as estrelas para que ela te localiza.

Em algum lugar entre a fibra de sua alma e a tonalidade do tecido de onde ela vem.

Tirando as impressões digitais da história.

Procurando por pessoas que se parecem com você.

Então lembre-se que a humanidade só tem um só povo vista de lá em cima.

Um único povo com múltiplas línguas, múltiplas culturas e múltiplas cores de pele. (Diamanka, 2021, 103-104)

Mas a leitura não é somente fonte de tranquilidade como a atitude indiferente do leitor faria acreditar. Já "Claude de Marolles no século XVIII detectava na paixão de ler um perigo mortal para a alma do leitor: a leitura era um sequestro de alma (Quignard, 1976, 29) e pode até escandalizar o leitor: "Ler maravilhosamente traumatiza a alma" (Quignard, 2015, 183)

Por quê? Porque o outro, sua alma, sem qualquer necessidade de ler, navegará e influenciará o pensamento do leitor e, sem dúvida, seu comportamento como o aponta o famoso pregador Massillon (1663-1742) quando se dedicava à leitura dos livros eróticos.[64]

Imobilizado, o leitor se transforma sem saber; um não sabido inconsciente mascarado sob novos significantes penetra nele, insinua a si mesmo e modifica sua imaginação, seu raciocínio, seus sentimentos para enfim, mudar suas referências. É a quarta etapa da roda.

Em segundo lugar, ler é reencontrar o desejo ou, resolver o enigma do prazer através do texto. Acontece com todos os textos? Não, há uma escala de gozos que satisfazem e saciem a sede do leitor aos poucos.[65]

Ler um texto crítico de filósofo Vincent Descombes ou do semiótico Roland Barthes que propõe uma interpretação não será como ler um conto ou um romance como *Le rouge et le noir* de Stendhal que excita o leitor.

Ler *La sainte touche* não encorajará a ler outras obras de Cherigui, exceto como crítico. Começar a ler *La nuit des orateurs* de Kaddour ou *Habitant de nulle part, originaire de partout* de Diamanka, vai empurrar o leitor até o fim, tanto que as palavras, tipo de "fantasmas que evocamos, [...] almas em sofrimento", (Quignard, 1976, 123) que tem pesos diferentes segundo a classe social,[66] estão apenas esperando para pousar nas emoções, nos prazeres e nas tristezas, muitas vezes para reviver uma experiência esquecida que aconteceu realmente com o leitor, ou na sua imaginação, o que ele sentiu.

---

[64] O que Massillon pregava no final do século XVII: "Veneno lento", disse ele, que flui nas veias. O enfeitiçamento da leitura equivalia a causar tantos efeitos reais quanto suas causas habituais estavam faltando. Consequência mágica e assustadora, cujo efeito derrubou as leis e a possibilidade de qualquer previsão empírica, fazendo tombar a razão. Que um livro, por exemplo, surge, e a castidade poderia ser perdida. Caráteres negros em remos brancos e tudo se levantava, surgia, como um demônio perto do gato perdido à noite, tudo — que despertou a luxúria, inspirou voluptuosidade, despertou pinturas infames, posturas lúbricas que inflamassem o desejo, excitassem os sentidos, revoltassem a carne. Onde a perversidade dos atos respondeu à ignomínia das palavras. Onde a arte refinada das gravuras às vezes teria adicionado ao escândalo de aventuras e trocas. Onde o crime se tornou fraqueza, a lei do casamento um escrúpulo vaidoso, e o pequeno espaço onde está o pedaço de carne obscena e vermelha aberto no fundo das barrigas, o símbolo do mundo. Quignard, 2009, 109-110.

[65] Branco da Afrodite que é o enigma, exatamente comparável ao que procura quem lê, quando ele se absorve em sua leitura, mas branco ainda mais rio acima. Branco mais perdido do que o leitor é perdido porque este último é o mestre de sua perda. Branco mais próximo da fonte e tal que aquele que, contraditoriamente, controla sua perda nunca se coloca em posição de se aproximar. Branco como desova. Branco como a gota que cede o prazer. Quignard, 1993, 96.

[66] O desejo de distinção significava que não há muito tempo atrás, um senador foi traído por servos ignorantes ávidos por louvor, que não sabem o que quer dizer palavras muito raras e pesadas para eles, as palavras *pagar (stipendier)* e *fomentar*, e que traduziram essas palavras pelo sabiam, *preparar* e *conspirar*. Khaddour, 2021, 228, o que levou o senador ao tribunal.

Palavras dos quais se lembrará o leitor através dos clássicos, Kaddour no livro citado, Yourcenar em *Memórias de Adriano*, Broch em *A Morte de Virgílio*, os contos de Singer sobre o mundo iídiche polonês, romances mais recentes como os *Transportadores de Água* de Atiq Rahimi misturando o Afeganistão de um porta-água na época do Talibã com o de um emigrante afegão na França, *A Canção das Planícies* de Nancy Hudson contando o glorioso passado da colonização inglesa no Canadá, o livro de Diamanka sobre um futuro por vir e um mundo aberto a todos, *Apeirogon* de Colum Mc Cann sobre os combatentes da paz no conflito israelense-palestiniano, livros que ajudam o leitor a "sincronizar com a luz desaparecida e seu mundo afundado ou perdido". (Quignard, 2013, 33)

A mudança também virá de uma imersão no universo descrito pelo romance que força o leitor a "espaçar seu pensamento", (Quignard, 1988, 218) ou seja, expandi-lo para as dimensões do espaço descrito — Roma, Senegal, França, Holanda, Afeganistão, Canadá, Palestina, Israel, etc., e a incluir novos significados com sons diferentes provendo do latim, do inuíte, do iídiche ou do persa e a compreender outras formas de viver e ver o mundo.

Todavia, espaçar o pensamento só será consolidado se houver um compromisso com a roda de escritura e uma inserção do leitor na escritura.

Se, pelo contrário, o leitor abandona o livro no quinto movimento, deve-se deduzir que seu desejo não encontrou eco no livro.

3. E se o leitor fosse um pesquisador interessado ao manuscrito ou aos arquivos sobre o escritor, o que aconteceria?

Eu tinha elaborado a roda da leitura pensando no leitor não crítico, interessado apenas na história contada ou no estilo do escritor buscando na obra, muitas vezes sem saber, a leitura de si mesmo (Proust) sob o pretexto de entretenimento.

Mas seguindo a sugestão de Miguel Rettenmaier,[67] vou retomar a roda da leitura, pensando ao pesquisador que abre os manuscritos ou consulta os arquivos sobre o escritor, sabendo que os cinco movimentos separados por necessidade de compreensão, são muitas vezes concomitantes e não cronológicos.

A escolha do manuscrito a ser estudado será o primeiro movimento. A pesquisa individual muitas vezes decorre de uma relação afetiva com o texto publicado; *Édipo na estrada* de Henry Bauchau tendo me agradado enormemente, quis saber mais e procurei pelos manuscritos.

Uma pesquisa em equipe dependerá mais frequentemente da escolha de uma instituição sem dispensar a relação individual de cada um com o autor estudado. O Acervo Literário de Josué Guimarães, um projeto institucional da Universidade de Passo Fundo, está à disposição dos pesquisadores interessados. Outros projetos literários sob a égide da Associação dos pesquisadores em crítica genética (APCG) ou do Institut des Textes et Manuscrits Modernes (ITEM-CNRS) são, em sua maior parte, elaborados em torno de um autor e tem as vezes uma dimensão internacional como o projeto Brepols da transcrição de cadernos proustianos. Na maioria dos casos, o pesquisador adere ao projeto impulsionado pela pulsão oral subjacente a um projeto da instituição ou de tese, um livro ou um artigo.

3. Neste primeiro movimento, o leitor de arquivo ou o geneticista folhará a documentação, medirá sua extensão, a transcreverá e a classificará, se necessário, a situará no conjunto da obra do autor para torná-la um objeto de observação acessível a todos.

No início, na verdade, ele não busca nada de específico, ele quer apenas entender o trabalho da mente do escritor revelado na escritura de fólios. Nisso, ele se assemelha ao neurocientista no propósito, mas difere dele em dois aspectos: os fólios preenchidos e rasurados substituem a imagiologia cerebral, e segundo ponto, os manuscritos capturam um momento preciso

---

[67] "e se pensarmos ao pesquisador em arquivos, o que aconteceria com a roda da leitura?". Mensagem do 6 de janeiro de 2022.

dum espaço-tempo já vivido ao contrário da imagiologia que captura o momento imediato de movimento no cérebro.

Nesta etapa, o pesquisador do manuscrito adota a mesma atitude do que seus colegas das ciências e observa atentamente seu objeto. O geneticista não trabalha necessariamente palavra por palavra, mas antes com o folio inteiro para detectar a vida nele, as oscilações para trás e para frente, os arrependimentos sob as rasuras, os acréscimos enriquecedores, as promessas implícitas de desenvolvimento.

A observação pressupõe uma crítica livre de preconceitos, tarefa que não é fácil, e incluo nos "preconceitos", a tradição crítica, o que o geneticista aprendeu na universidade e o que a crítica elaborou desde a publicação sem levar em conta o manuscrito. Sabendo que ele compartilha o mesmo espírito de descoberta de homens da ciência: matemáticos, linguistas, neurocientistas, físicos etc., ele deve, se possível, abordar o texto a partir de um olhar, não neutro, o que é impossível, mas carregado de novas abordagens do Real pelas ciências duras ou as ciências humanas. Sua atitude deve ser a do psicanalista ouvindo o discurso do analisando, aberta, livre de aproximações consigo mesmo.

Num segundo movimento, o geneticista mergulhará no manuscrito, o percorrerá palavra por palavra, linha por linha, em busca de processos criativos, pretexto teórico invocado para justificar a pesquisa ou a busca de informações no caso do arquivista.

Ele não descobrirá as imensas possibilidades da linguagem, o que é reservado ao escritor, mas a riqueza da língua do autor, limitada, no entanto, e não infinita. Ele se deixará envolver e até mesmo atraído por um significante banal como, por exemplo, "o capacho" em Proust, ou por um significante chave como "andrógino" em *Antígona* de Bauchau ou por uma declaração ilógica do narrador proustiano não querendo mais saber nada sobre a personagem Albertina ou pela falta de cronologia na história ou pelo ritmo de uma frase como o início do *Busca do Tempo Perdido*: "Durante muito tempo, costumava deitar-me cedo", ou pelo uso diferente do mito Édipo em Bauchau.

Em outras palavras, o geneticista deixará vibrar a corda do violino interno dos seus sentimentos, que semeará os rastros das impressões na sua mente.

Num terceiro movimento, ele relerá o texto em voz alta e se deixará cavalgar pela pulsão invocante que lhe fará ouvir sons inéditos. (Phillips, 2013, 26) O gênero, poesia, romance ou teatro, pouco importará. Todos os textos considerados como poemas passarão pelo escrutínio da oralidade ligada essa mesma pulsão, critério precioso na apreciação do texto.

Num quarto movimento, o geneticista surpreso, espantado, mesmo desorientado, para na sua leitura, e quer transcrever o que sentiu, no papel ou na tela do computador. Estas serão suas primeiras anotações ou seus primeiros rascunhos. Assim como o autor que ele lê e admira, também escreverá e se tornará scriptor, submisso à linguagem e à roda da escritura.

Impulsionado pelo grão de gozo do centro da roda, continuará sua leitura, retomando os quatro movimentos até o final da leitura-escuta do manuscrito.

Ressalto que a roda se escreve numa trajetória e segue outra figura já comentada num livro anterior, a espiral:

> Por que não combinar a roda com a espiral? Inserir as instâncias — escritor, scriptor, narrador, releitor e autor — numa roda que por si só constrói a espiral da escritura, permite considerar o conjunto como um operador matemático, já que altera a função ou o valor do que chamei "texto móvel" a cada movimento de escritura. O que é o "texto móvel"? Colocado no meio da roda, ele, mantem o valor estável do prazer. O operador esvazia o "texto em movimento" de suas sugestões e o relança ao seu ponto de partida, o grão de gozo associado a um fragmento do Real lacaniano. A escritura literária é, portanto, gradualmente constituída e decorre deste jogo entre as instâncias e o "texto móvel". (Willemart, 2014, XIV)

No caso do crítico-leitor, o retorno à roda não acontecerá em cada rasura como para o escritor, mas em cada surpresa ou cada perda de referências desencadeada pela leitura ou em termos de informática, a cada novo algoritmo descoberto. As diferenças na leitura entre geneticistas apareceram neste momento, cada um obedecendo a seu desejo situado no centro da roda. O encontro no arquivo de uma referência diferente do que se sabia pode transformar a biografia do autor estudado:

Durante anos, por exemplo, escreveu-se e escreveu que Josué Guimarães havia localizado pelos órgãos de segurança da ditadura em 1969. Na realidade, lendo uma carta, percebemos que isso não aconteceu. O homem entregou-se no RJ por estar longe da clandestinidade, por precisar vir o público atuar em um processo no qual acusado era de abandono de emprego, quando teve que sumir para não ser preso, e por estar preocupado com amigos sendo visitados por policiais. Esse Josué, anda mais destemida, não existe se não fosse o Acervo Literário de Josué Guimarães da Universidade de Passo Fundo (e-mail de Miguel Rettemaier para Ph. Willemart, dia 8 de janeiro de 2022)

Os arquivos reunidos nos acervos incluem não apenas textos literários, mas também cartas e documentos, provas objetivas de fatos que afetam o pesquisador seja quem for, e recompõem ou consolidam a imagem dada pelo autor em seus escritos.

Neste capítulo, não distingui o pesquisador do arquivo do crítico genético porque ambos, apesar do objetivo diferente, seguem as mesmas etapas no trabalho e terminam por escrever os resultados de sua pesquisa.

Concluindo, espero ter explicitado tanto ao nível biológico e evolutivo com Dehaene, quanto na prática da leitura os fundamentos das hipóteses de Marcel Proust sobre a leitura como limiar ou porta de entrada para outro mundo desconhecido do leitor antes da escolha do livro ou do arquivo.

A roda da leitura do pesquisador

CAPÍTULO 6
O PODER DO CÉREBRO, SUPORTE DO IMPLAUSÍVEL

Contra alguns de seus colegas, o médico neurocientista brasileiro Miguel Nicolelis argumenta em *O verdadeiro criador de tudo*, que o homem não será capaz de construir um robô equivalente ao cérebro. Distinguindo dados analógicos e digitais, ele demonstra que nunca um computador poderá resolver os problemas colocados pela vida em tão poucos segundos, como faz o cérebro[68].

Para entender, devemos primeiro nos convencer de que "as funções cerebrais não são definidas por áreas corticais específicas, mas por interações espalhadas por várias áreas corticais e subcorticais, que definem comportamentos e funções". (Nicolelis, 2021, 207)

Nicolelis concorda com Dehaene[69] neste ponto: as funções do cérebro não correspondem a áreas específicas, tal como sugeriu Broca[70] no século XIX; isso não significa que todo o cérebro seja estimulado em qualquer atividade, a imagiologia cerebral consegue identificar as áreas utilizadas nesta ou naquela atividade, que raramente são limitadas a uma única área., "a rigor, não existe a delimitação cerebral em regiões rigidamente estabelecidas em relação às funções cerebrais em situações também relacionadas com a

---

[68] E após alguns anos de reflexão ficou claro para mim que a velocidade de condução máxima dos nervos, aproximadamente 120 metros por segundo, é insuficiente para explicar a velocidade com o que o cérebro realiza algumas das suas funções mais essenciais, como a integração de muitas capacidades cognitivas em uma mente coerente. Nicolelis, 2021,150.

[69] Nicolelis não parece conhecer o neurocientista francês Stanislas Dehaene.

[70] Foi em 1861 que Broca publicou os resultados da autópsia do cérebro do Sr. Leborgne, uma paciente afásica (apelidado de "Tan Tan") que ele vinha acompanhando há vários anos, descrevendo com precisão o local da lesão cerebral. Paul Broca pensou ter encontrado o centro único da linguagem, mas isso foi rapidamente matizado pela descoberta de outras áreas envolvidas na linguagem, notadamente pelo neurologista alemão Carl Wernicke, que descreveu a área de Wernicke uma década depois. Wikipedia.

aprendizagens, embora cada tarefa cognitiva possua suas especificidades".
(Vivero e Camargo, 2011)

Como explicar que alguns dados não são digitalizáveis?

Nicolelis distingue entre as informações s-info e g-info.

As s-info, informações shannonianas (em homenagem ao matemático Claude Shannon, considerado o criador da teoria da informação) nos perseguem todos os dias pelos órgãos sensoriais periféricos (olhos, ouvidos, pele, língua); elas são computáveis, transmissíveis em modelos de zeros e uns, e armazenadas em bits e bytes, como a linguagem humana ou a matemática. (Cáceres, 2020)

A informação g-info ou gödeliana (em homenagem ao matemático Kurt Gödel) é contínua e analógica, ou seja, uma vez que chega ao cérebro, não é calculável e seus efeitos são imprevisíveis. Conhecendo ou não o que foi narrado no romance de Proust como as sensações desencadeadas por uma *madeleine*, Nicolelis dá o exemplo de uma situação muito semelhante ao episódio do romance: as sensações vivenciadas em sua juventude por uma mulher num hotel na Grécia, de repente, retornam, trinta anos depois, durante sua estadia no mesmo hotel sozinha, sem seu marido falecido. (Nicolelis, 2021,81)

As estruturas das sensações vivenciadas no passado se dissiparam no cérebro e se manifestaram outra vez num contexto completamente diferente, sendo o hotel o gatilho das memórias ligadas às sensações da juventude.

A teoria das estruturas dissipativas desenvolvida por Ilya Prigogine, que Proust havia inventado sem saber nem teorizar e que Prigogine descobrira no seu laboratório de química, é assim aproximada por Nicolelis às g-info, para enfatizar que "o processo de incorporação da matéria orgânica é alimentado pelo processo de dissipação da energia do que é vivo" (Nicolelis, 2021, 79-80),[71] onde a auto-organização torna impossível a previsão do resultado por um algoritmo, contrariamente ao que acontece com as informações shannonianas.

---

[71] "É lá um contraste óbvio com as estruturas de equilíbrio, tais como os cristais que, uma vez formados, podem ficar isolados e são estruturas 'mortas' sem dissipação de energia" (Prigogine, 1994, 28). A teoria desenvolvida por Ilya Prigogine e a Escola de Bruxelas defendia a relatividade das condições iniciais e, portanto, a imprevisibilidade de um projeto de arte ou não, apostando na auto-organização dos elementos. Willemart, 2014, 90.

As informações gödelianas não podem, portanto, ser digitalizadas ou discretizadas (singularizadas) e tratadas como fragmentos de informações shannonianas. "Quanto mais complexo um organismo, mais informação gödeliana é depositada na matéria orgânica que o constitui." (Nicolelis, 2021, 80)

De onde vem que:

> a existência de g-info define uma das razões centrais pelas quais computadores digitais nunca serão capazes de reproduzir os trabalhos intrínsecos e as maravilhas criadas pelo cérebro humano. Computadores digitais dissipam energias na forma de calor e campos eletromagnéticos inócuos, enquanto o cérebro animal e principalmente o humano utiliza seu processo de dissipação de energia para acumular g-info no tecido neural. (Nicolelis, 2021, 83-84)

É o que Alan Turing já havia declarado em sua tese de doutorado, publicada em 1939, onde ele tentou superar as limitações de sua máquina:

> ao conceber o que ele chamou de "máquina do oráculo". O objetivo dela seria introduzir uma ferramenta do mundo real para reagir aquilo que "não poderia ser feito mecanicamente" por uma máquina de Turing. […] Ele havia convencido a si mesmo de que o poder computacional do cérebro humano superava, e muito, o de sua criação. (Nicolelis, 2021, 223, 224)

Como o homem pode aumentar o poder do cérebro? Fazê-lo trabalhar é a resposta óbvia. Aplicado a escritores e artistas, reencontramos a problemática deste ensaio.

Como Sloterdijk aponta, o trabalho de Rodin, que parecia levá-lo apenas para si mesmo,

> representa a coisa mais séria e altruísta que existe. Os artistas revelaram, assim, à sua maneira um segredo de artesãos e de fabricantes de fetiches antiquados, segredo segundo o qual a coisa bem feita sempre integra a "alma" de seu autor, enquanto este último domina sua profissão apenas se constantemente ouve as vozes da matéria. (Sloterdijk, 306, 2015)

Paradoxalmente, o artista chegará à "sua alma" ouvindo a matéria que trabalha ou estabelecendo uma relação profunda entre sua mão que ele esculpe e a pedra que ele trabalha, ou melhor, que o trabalha. As sensações da mão e da pedra se encontram no cérebro, que se dispersando, reconvertem-se em seguida nas formas impressas na pedra, demonstrando assim a teoria de Prigogine sobre as estruturas dissipativas.

Bauchau, assim como Proust, também ilustra a mesma teoria, mas de uma forma diferente quando ele constrói seu personagem Édipo que com sua filha-irmã Antígona e seu amigo Clio esculpem um enorme barco na rocha, enfrentando a tempestade, de frente para o mar. "É preciso esculpir na falésia para ouvir o que ela quer nos dizer [...] a onda está lá e está em mim [...] é preciso apenas ajudá-la a aparecer [...] é preciso deixar-se levar, entregar-se a ela." (Bauchau, 1998, 82-83)

Trabalhar com o outro, seja ele próximo, como Antígona para Édipo, ou trabalhar com a matéria, a pedra, a cor, a escritura, a voz ou a notação musical aumentará o poder do cérebro.

Sloterdijk se aproxima tanto de Turing quanto de Nicolelis quando sustenta a equivalência entre Zarathustra, o acrobata e o esportista, questão abordada no capítulo quatro, e quando, no mesmo livro, com Karl Jaspers (1949, 22-23), ele lembra os cinco lugares de pensamento que viram o avanço ou "o progresso das civilizações com alto grau de intelectualização: a China, a Índia, a Pérsia, a Palestina e a Grécia (quando) os homens deram o passo para o universal". (Sloterdijk, 278, 2015)

Enfatizando a importância da escritura, o filósofo alemão aponta a vantagem dos escritores em relação aos não-escritores:

> A aceleração interna desencadeada pela primeira cultura escrita permitiu que os cérebros dos escritores superassem o habitus de não-escritores, da mesma forma que os corpos de ascéticos, atletas e acrobatas excedem os corpos dos homens do cotidiano. [...] Ali onde o exercício acelerando impõe seus efeitos, a evolução cultural se cinde. O resultado é a humanidade com duas velocidades. (Sloterdijk, 2015, 279-280)

O que é o "habitus" para Sloterdijk e por que divide a humanidade em duas velocidades?

> O hábito, como palavra ou como coisa, refere-se à posse factual da psique por um bloco de qualidades já adquiridas e incorporadas de forma mais ou menos irreversível, qualidades entre as quais também devemos contar a massa viscosa de opiniões que arrastamos atrás de nós. Enquanto este bloco estiver imóvel, o novo ensino não pode começar. (Sloterdijk, 2015, 272)

Todo homem adquire por meio da educação uma série de hábitos que o ajudam a viver em sua sociedade, mas que muitas vezes se opõem às mudanças necessárias em outro ambiente. Os emigrantes que chegam a uma terra estrangeira sentem particularmente o problema: outros alimentos, outros costumes, outras referências e, muitas vezes, se não sempre, outra língua. Eles só podem adquirir novos hábitos sobrepondo-os aos antigos ou eliminando-os. A transição envolve uma adaptação violenta, muitas vezes improvável em pessoas mais velhas, de suas áreas de neurônios que cobrem pelo menos as da linguagem e de sensações, o que lhes permite conquistar uma identidade pessoal e coletiva mais próxima da de seus novos vizinhos, porém raramente completa, exceto nas crianças. Trata-se de uma conquista devida à sua vontade e à imersão e não como nos vizinhos onde "a identidade está no complexo de suas inércias pessoais e culturais que eles não podem rever". Este exemplo delimita o que define o habitus de Bourdieu, onde "a inércia deixa de ser uma lacuna a ser preenchida para se tornar um fenômeno de valor". (Sloterdijk, 2015, 273)

Nesse sentido, emigrantes são semelhantes a escritores e artistas, não porque dão "o passo em direção ao universal", mas porque, forçados pelas circunstâncias, saem de sua inércia de nascimento, se me permitem dizer, para enfrentar o habitus de sua nova sociedade. Retomando a metáfora de Nietzsche, os emigrantes darão um primeiro passo para cima que poderia levá-los a emergir mais tarde dessa nova inércia, haja visto o treinamento inicial exigido para se adaptar à nova sociedade. Devemos, então, seguir Sloterdijk, quando ele separa a humanidade em duas velocidades?

Reconhecemos, é claro, os efeitos da cultura no cérebro de escritores e artistas e concordamos com Jaspers quando afirma que "este passo para o universal não é dado por todos, mas todos são afetados por ele indiretamente" (Jaspers, 1949, 22-23). Por isso, devemos dar prioridade aos escritores? Não há outros campos além dos emigrantes, esportistas e ascéticos que permitem superar o habitus e imitar os ascéticos e os atletas?

Penso em pesquisadores de todas as áreas que usam a escrita como instrumento de transmissão do conhecimento, ainda que muitas vezes tenham que inventar palavras para nomear sua descoberta,[72] e também em criadores como o cozinheiro ou a mãe de uma família que inventa novas receitas, ou o engenheiro que cria novas máquinas que suprimem os esforços repetitivos de um ceifador ou de um viticultor, ou a Apple de Jeff Boss ou a Microsoft de Bill Gates inventando novos meios de comunicação, como o smartphone ou o computador, etc. [73]

Não posso acreditar que o poder dos cérebros desses inventores não os leve a superar os corpos dos homens cotidianos, uma vez que eles também, por suas pesquisas persistentes, se parecem com o acrobata de Zarathustra e se distanciam de não-inventores.

Matthieu Garrigou-Lagrange apontou essa situação durante um programa da France Culture transmitido em maio de 2022, ao entrevistar Jean-François Bert, sociólogo e historiador de ciências sociais da Universidade de Lausanne.

> Como se faz uma descoberta científica? Os *eureka!* que pontuam regularmente avanços científicos são propensos a deslocar, desfocar ou mesmo desqualificar categorias mentais pré-existentes. Como, então, os autores dessas descobertas conseguem fazer tais mudanças em relação a um determinado estado de conhecimento, para vir a considerar seu objeto de um ângulo radicalmente novo? (Garrigou-Lagrange, 2022)

---

[72] Cito dois exemplos no campo da psicopedagogia: o termo "*alexitimia*" criado em 1972 por Peter Sifneos e John Nemiah "para designar a incapacidade de colocar em palavras um sentimento" ou a nova disciplina "*l'attachement*" criada por John Bowlby, *L'Attachement*, Paris, PUF, 1978-1982. Cyrulni, 2022, 1146 e 1156.

[73] Nesse sentido, concordo com William Morris (1834-96), designer têxtil, poeta, romancista, tradutor e ativista socialista inglês para quem: "a distinção entre arte e artesanato, entre a concepção e a execução, deveria ser abolida: todo homem, em sua escala, poderia ser um produtor de beleza, — seja na realização de uma pintura, de uma roupa, de uma peça de mobiliário; e todo homem também tinha o direito, em sua vida diária, de estar cercado por belos objetos. Houellebecq, 2010, p. 220.

Essas duas atitudes dos pesquisadores não estão longe das atitudes de escritores que também se distanciam das "categorias mentais pré-existentes [...] e consideram seu objeto de um ângulo radicalmente novo", também quando pretendem

> construir para si mesmos uma metodologia *ad hoc* que siga o curso do pensamento deles e permita que aconteçam certas aproximações frutíferas entre elementos diferentes, ou evidencie regularidades desapercebidas em suas observações... (Garrigou-Lagrange, 2022)

Uma metodologia que muitas vezes não é estabelecida conscientemente para escritores, mas deriva de sua escritura em sua maior parte, com exceção de Proust, Valéry e Ponge, entre outros. Ou quando elaboram

> edifícios mentais que eles saberiam como aperfeiçoar apenas pela força do pensamento deles, (mas) anotam em arquivos, planos ou cadernos [...] que constituem um testemunho sem igualdo "pensamento como ele flui", [...] com suas inflexões. [...] O pensamento em sua progressão, antes de ser circunscrito, reunido e articulado em livro ou artigo em suma (Garrigou-Lagrange, 2022)

Semelhantes em muitos aspectos a outros criadores, os escritores se distinguem ainda por mais duas qualidades celebradas no recente livro de Quignard. A primeira é encarnada na personagem de um músico famoso, Lambert Hatten de Mulhouse:

> Hatten era lutenista. [...] seu vício não consiste em sua revolta por se recusar a nomear Deus, (vivia na época das guerras de religiões no século XVII) o que não era uma questão considerável, mas ele tinha colocado em sua cabeça de nunca ir aos ofícios religiosos; de não respeitar as proibições de comer carne; de não observar a Quaresma; de não comungar na Páscoa; de não fazer o sinal da cruz diante dos mortos. Ele desejava esquecer qualquer rito de fervor. Ele se tornou cada vez mais austero. Ele se torna como aqueles pequenos raptores que odeiam a luz, que viram as costas ao dia e vivem nas ruínas e que são chamados de tytos (espécie de coruja). (Quignard, 2022, 149)

O artista Hatten, bem como o escritor Flaubert, ou qualquer outro homem tomado pela escritura, não só devem ficar em silêncio e se retirar do mundo para escrever, como também devem recusar costumes, formas de ser ou hábitos gradualmente incorporados durante sua educação.

A escritura tem esse valor singular demonstrado pela roda da escritura de colocar o escritor a seu serviço e transformá-lo em scriptor, instância que requer silêncio, condição indispensável para poder ouvir os chamados do tumulto ou do caos da tradição, de suas leituras e de seu inconsciente.[74] Além disso, a condição necessária para chegar ao silêncio requer um distanciamento gradual do que é chamado "civilização", o que corresponde a olhar para cima, imitando nisso o espectador do acrobata, ou se ele mesmo é o acrobata, subir sempre mais, colocando sua corda ainda mais alto, ou alongar o percurso.

Mas muito antes de alcançarem sua arte, escritores e artistas confiam em antecessores que admiram e querem ser pelo menos iguais a seus pares em suas realizações, atitude que pode ser compartilhada por pesquisadores iniciantes, mas provavelmente com menos frequência.

> Em um pequeno diário em que registra suas atividades e pensamentos, o jovem Victor Hugo afirma em 10 de julho de 1816: "Quero ser Chateaubriand ou nada". Nenhuma prova além de seu destino, relativamente fiel a esta declaração, permaneceu. (Fabula, 2009)

Ou:

> Oh, minha jovem e sublime orquestra, então nos veremos novamente!… Temos grandes coisas para fazer juntos. Há uma América musical, da qual Beethoven foi o Colombo, eu serei Pizarro ou Cortez. (carta de Hector Berlioz para sua família, 21 de abril de 1831, em *Berlioz* de David Cairns, Fayard 2002, para a tradução francesa, volume I, p. 521) (Noailly, 2005)

---

[74] Você não sabe muito, de fato, mas quando você escreve, seu olhar tem o poder de atravessar paredes, montanhas e colinas. Você testemunha a divisão de células, você vê o Presidente dos Estados Unidos traindo sua nação, você ouve as palavras de amor sussurradas do outro lado do país, os soluços sendo derramados em outra parte da cidade. Você vê uma mulher deixando o marido, e um marido traindo sua esposa. Você ouve o soluço do mundo: é seu paradoxo, sua responsabilidade e seu contrato. Você não pode fugir disso e você não tem escolha a não ser continuar. Stefánsson, 210.

Ou:

> A metamorfose de Aragon, surrealista veemente, depois comunista zeloso, misteriosamente se tornando Victor Hugo, ou seja, modulando em sua lira a música ancestral da França, não foi a menor das maravilhas... (J. Dutourd, *Les Voyageurs du Tupolev*, Plon, 2003, p. 9) (Noailly, 2005)

Seguindo a mesma linha, no seu aprendizado, os artistas imitam explicitamente seus antecessores. Escritores escrevem pastiches como Proust, ou sem querer expressamente, sem dúvida, simulam à primeira vista o "ideal" deles na sua maneira de compor. Embora ele não o apreciasse muito, encontramos algo do estilo de Flaubert em Proust, enquanto seu estilo se forja gradualmente e emerge durante o romance *Jean Santeuil* ou contos, para se estabelecer claramente em *A la recherche du temps perdu*. O próprio Proust observou o surgimento gradual do estilo de Flaubert:

> Em *Madame Bovary* ainda não foi eliminado tudo o que não é ele; as últimas palavras "Ele acabou de receber a cruz de honra" nos fazem pensar no fim de *O genro do Sr. Poirier*: "Par da França em 48"[75]. E mesmo em *L'Éducation sentimentale* (um título tão bonito em sua solidez — título que aliás se adequaria a *Madame Bovary* — mas que não é muito correto do ponto de vista gramatical) ainda deslizam remanescentes pelo caminho, aqui e ali, aliás ínfimos, do que não é Flaubert ("sua pobre pequena garganta", etc.). (Proust, 1971, 588)

Os rascunhos, portanto, não são os únicos a mostrar a emergência no escritor de um estilo ou de um algoritmo, como eu gosto de dizer. Ao longo dos trabalhos que precedem à sua obra reconhecida, o cérebro gradualmente se adaptará a cada exigência de escritura respondendo à exigência implacável do escritor e preparará um estilo que irá distingui-lo de seus precursores, aumentando assim seu poder. Então, as tentativas de saltar para cima ou uma nova montanha surgirá, para usar a metáfora de Dawkins no *Monte Improvável*.

---

[75] Comédia em quatro atos, em prosa, de Émile Augier e Jules Sandeau, de 1858, retomada no cinema por Marcel Pagnol em 1933.

2. Outra atitude adotada por escritores ou artistas e pouco provável entre inventores não-escritores consiste em se deixar levar pela escritura como um objeto na correnteza de um rio, seguindo o conselho de Quignard:

> Não se deve agarrar-se às paredes laterais, às bordas, não se deve amarrar-se ao mastro quando a onda sobe. É preciso saber pular na tempestade. É preciso saber mergulhar no ar violento. E de repente, caminha-se calmamente sobre as ondas. É preciso saber escorregar até o coração tão suave, tão impassível, do ciclone. (Quignard, 2022, 227) [76]

Ao preencher seus rascunhos, o escritor sente um dia que a escritura parece fluir da fonte sem grande dificuldade, "ele caminha silenciosamente sobre as ondas", enfrentando o ciclone levantado pela escritura, ele encontra a tradição, suas leituras, as questões contemporâneas e às vezes futuras, cruzando assim seu Cabo de tempestades que se tornará o de Boa Esperança. Isso significa que seu cérebro se adaptou à atividade da escritura e adquiriu um poder maior do que quando o escritor ainda aspirava imitar seus pares.

---

[76] Isto é o que diz Sloterdijk com outras palavras, retomando Nietszche: "Ainda que a nova doutrina, Zaratustra de Nietzsche, afirme que não há mais apoio na margem do além, ainda e sempre encontramos cordas na imanência e cordas suficientemente esticadas para sustentar os passos daqueles que fazem a travessia. Nós "progredimos, ao que parece, quase como se estivéssemos andando no ar". Elas formam um solo no qual faltam todas as qualidades da terra firme. "E ainda assim é realmente possível andar lá." Na corda, cada passo deve ter se repetido 10.000 vezes; e, ao mesmo tempo, é preciso dar cada passo lá em cima como se fosse o primeiro. Quando aprendemos com a corda, nos submetemos a uma paidia que remove qualquer fundamento para os hábitos que se tem no chão. Andar na corda é armazenar no tempo presente tudo o que aconteceu. Esta é a única maneira de transformar em uma série de exercícios diários o imperativo: você tem que mudar sua vida! a existência acrobática desmonta o que é trivial ma vida colocando a repetição a serviço do que não pode ser repetido. Ela transforma todos os passos em primeiros passos, já que todos poderiam ser os últimos. Há apenas uma ação ética para eles: o fosso escavado decima para baixo de todas as situações existentes, pela conquista do implausível. Sloterdijk, 2015, 299.

CAPÍTULO 7
COMO PROVOCAR O ESPANTO E CAVAR A FINITUDE NO LEITOR?

Críticos literários e especialmente geneticistas sabem que o escritor não é o autor de suas obras, seja ele filósofo, escritor ou artista, mas que ele se identifica em grande parte do seu percurso de trabalho com a instância do scriptor[77].

O pensamento, ou melhor, o trabalho de um escritor ou filósofo não corresponde aos atos de sua vida. O relacionamento entre Hanna Arendt e Heidegger que "se apaixonam em 1924, quando ela tinha 18 anos e ele 34, de certo modo prova isso. Ela, judia, fugindo do nazismo, se expatria, ele aderindo ao regime, aceita uma posição no comitê central nazista. Eles se reencontram novamente em 1964. Ela não está mais apaixonada, mas continua a admirar o pensamento do filósofo a ponto de traduzir sua obra nos Estados Unidos. (Cyrulnik, 2022, 594).

Quando falamos de modelos na arte, estamos apenas nos referindo à obra e não aos estilos de vida de seu suporte. O escritor pode, sem dúvida, ser uma isca, especialmente durante sua vida, mas assim como a beleza, ele é apenas a primeira casca que levará o leitor ou o espectador ao conhecimento ou ao gozo. Falecido o escritor, no entanto, o caminho é muitas vezes o oposto e os leitores facilmente pulam da obra para o escritor.

O passo a ser dado para o leitor ou o espectador está muito próximo do primeiro dos mandamentos: "Eu sou YHVH, teu Deus que te tirou do Egito... — Não farás para ti nenhum ídolo". (Êxodo 20:1-17)

> Pois o ídolo é da ordem da projeção de um Eu ideal que preserva o status imaginário narcisista de plenitude e de onipotência. O homem faz com que

---

[77] O significante "autor" subentende sempre o artista e às vezes o asceta.

o ídolo esteja à altura de seus sonhos narcisistas para alienar-se melhor. O ídolo organiza a ocultação da castração. O primeiro mandamento, portanto, convida o sujeito a se livrar de um funcionamento essencialmente imaginário, cavando sem cessar sua finitude: não haverá imagem de Deus, e até seu nome será impronunciável (Vives, 2007)[78]

As relações do leitor com o autor certamente não serão tão dramáticas, — imagens ou fotos, o nome do escritor — poderão ser vistos ou pronunciados sem sacrilégio — mas esta relação necessária com Deus indica pelo menos o perigo de identificação, ainda que parcial, com um autor ou artista, vivo ou morto, e um ideal a ser alcançado: parar de cavar sua finitude.

O escritor ou artista não poderá responder a todas as perguntas nem substituir o sujeito-leitor em suas decisões. Assim como o escritor que "ao se liberar do erro humano e satânico de se tomar como um ponto de referência privilegiado" (Sloterdijk, 2010, 111) terá que retornar ao livro futuro, como eu lembrei no primeiro capítulo, assim o leitor irá se referir à obra e não ao homem ou ao seu "Eu ideal". A filosofia se junta à psicanálise neste ponto.

Aprofundar a finitude não consistirá apenas em escrever, mas como Quignard suspeita ao imaginar sua personagem Lambert Hatten circulando na Europa no século XVII, durante as guerras da religião, também a: "adorar que o vazio está sendo cavado. Adorar sentir a falta. [...] (os artistas) gostam de reencontrar o pior que já experimentaram. É a seiva terrível deles. (2022, 255)

Uma das fontes da arte será reencontrar a sensação do vazio que, se aprofundando, se conjuga ao pior sofrimento sofrido no passado, sensação ou sentimento que alimentará a obra como a seiva alimenta a árvore. Em outras palavras, o sofrimento destilado no cérebro durante a vida do artista ressurge na nova melodia ou na escritura com o modelo das estruturas dissipativas, do qual falei no capítulo anterior.

---

[78] Impronunciável é o divino tetragrama YHWH na religião judaica. [...] As primeiras traduções para o grego não deixam de mencionar a proscrição da escrita das vogais. A transcrição grega do tetragrama YHWH, o mais frequente e mais antigo, não é I, α β ε mas I, α ω, e ela é atestada já em Qumrân. Esta transcrição grega inclui apenas vogais, assim como a leitura do tetragrama em voz alta sugere que a pronúncia dessas letras reúne a de todas as vogais: IAQUE. Nesse sentido, a proibição da pronúncia do nome de deus é coerente com um sistema alfabético que, originalmente, inclui apenas consoantes. [...] Da mesma forma, se a vogal localiza o que a palavra implica de gozo, o Deus residirá do lado deste último, e ele então significará a proibição na qual se funda. Só Deus desfruta, sem partilhar. Sem ela, a caligrafia permaneceria ilegível. Pommier, 1993, 130.

A base da arte para o lutenista e compositor Hatten seria, portanto, não o sofrimento em si mesmo, mas a sensação do pior deles que permaneceu na memória. Não importa se a memória falha, todas as lembranças se deterioram, como nos lembra Edelman.[79]

Qual seria o maior sofrimento experimentado pelo lutenista? O autor não diz isso explicitamente na construção de seu personagem, mas lista possíveis causas: seu nascimento órfão, sua adoção, sua rejeição pelos pais adotivos, seu abandono da religião "diante do espetáculo das guerras civis" entre católicos e protestantes, "a ferida sentida como resultado dos julgamentos que foram feitos sobre ele". (Quignard, 2022, 152-153)

Esses eventos são numerosos e traumáticos o suficiente para causar a sensação de falta, para "sentir-se separado e diferente" e provavelmente envergonhado porque não respeita o habitus ou os parâmetros de seu ambiente, o que nos faz chegar ao conceito de Bourdieu.

Cavar a finitude permitirá ao artista e ao escritor

> [...] sentir a dor. É dessa maneira que a arte chega a cavar uma distância, remove sua causa e com isso consola. Acho até que pode encantar o que até então era apenas angústia e pânico. Talvez seja capaz até de afastar a sideração, transportá-la para outro lugar, para irrigá-la de forma diferente, a fim de mergulhá-la pouco a pouco numa paisagem menos insuportável. (Quignard, 2022, 172)

Ao introduzir sua dor na sua arte, o artista se desprende de sua origem, isola sua origem, sai de sua bruxaria enfeitiçante, remove seu lado negativo e coloca-a de volta em outro circuito que pode consolá-lo, ele e seu ouvinte ou seu leitor. É o fenômeno da sublimação levantado por Freud, que consiste em "trocar o objetivo sexual por um objetivo social, psiquicamente relacionado ao primeiro" (Freud, 1973, 33)[80], ou ainda, em admitir "a extraordinária

---

[79] Ver o capítulo 2 da segunda parte.

[80] Assim, devemos levar em consideração que as pulsões Triebe, as comoções pulsionais sexuais são, extraordinariamente plásticas. Elas podem entrar em jogo umas no lugar das outras. Uma pode pegar para si a intensidade das outras. Quando a satisfação de umas é recusada pela realidade, a satisfação de outra pode oferecer-lhe uma completa compensação. Elas se comportam umas em relação às outras como uma rede, como canais comunicantes preenchidos por um líquido. Freud, 1964: 371, retomado por Lacan, 1995: 116.

plasticidade das pulsões" (Freud, 1964, 371), o que torna possível saltar de uma pulsão masoquista para uma pulsão invocante.

Para Quignard, que retoma Lacan, com acréscimos, sublimar será considerar a melodia como um conjunto de significantes vazios de seus significados, girando em torno da sensação de sofrimento experimentada no passado, significantes que, empurrados pela pulsão invocante, assumem outro sentido, tanto para o autor quanto para o ouvinte.

No entanto, admirar a obra sublime de um artista ou de um escritor terá repercussões sobre o ser humano, que é seu suporte. A obra vai salpicar o escritor com seu brilho, e o leitor, entendendo ou não o mecanismo de transferência, frequentemente vai reatribuir as qualidades detectadas ao escritor que, assim, se tornará uma espécie de Eu ideal para ele. Viver dessa forma a escuta ou a leitura de uma obra é uma maneira de evitar cavar sua finitude.

Refiro-me claramente às sociedades cujos membros se reúnem sob o nome de um escritor-autor e apressam-se a celebrar o nascimento e a morte do escritor, a destacar os lugares aos quais a obra se refere, as casas que habitaram, relacionando os personagens com pessoas que conheceram o escritor, confundindo assim o homem e a obra.

Como escapar disso?

Lembrar-se da frase admirável de Proust sobre o leitor que se lê por meio da obra:

> Mas para voltar a mim, pensava mais modestamente em meu livro e seria inexato dizer que o leriam, meus leitores. Porque, como já demonstrei, não seriam meus leitores, mas leitores de si mesmos, não passando de uma espécie de vidro de aumento como os que oferecia a um freguês o dono da loja de instrumentos ópticos em Combray; o livro, graças, ao qual eu lhes forneceria meios de se lerem. Por isso não esperaria deles nem elogios nem ataques, mas apenas que me dissessem se estava certo, se as palavras em si lidas eram mesmo as que eu empregava (as possíveis divergências não provindo, aliás, sempre de erros meus mas, algumas vezes, de não serem os olhos do leitor daqueles aos quais meu livro conviria para a leitura interior. (Proust, 2013, 388-389)

O narrador proustiano se separa nitidamente da instância do escritor: "não esperaria deles nem elogios nem ataques" e a do autor: "mas apenas que me dissessem se estava certo, se as palavras em si lidas eram mesmo as que eu empregava"

Cavar minha finitude consistirá em encontrar as palavras que me permitirão ler em mim mesmo. O que irei admitir será, portanto, a escolha criteriosa de palavras do escritor-autor que provocarão, no mínimo, espanto e, no máximo, mudanças em minha visão de mundo.

As palavras escolhidas não virão de um desejo do escritor de alcançar seu leitor desconhecido ou distante nem do que o público chama de inspiração, mas de sua capacidade de ouvir as angústias, as tristezas e as aspirações profundas do mundo ao seu redor, e também aquelas presentes nas obras de seus predecessores, conjunto que testemunhará a qualidade do autor, "criador de coisas admiráveis e, portanto, um blasfemo contra o princípio impossível" (Sloterdijk, 2015, 388)

Frequentar tais autores por meio de suas obras é o primeiro passo para o impossível ou o implausível, o que equivale a abandonar o habito ou as ideias preconcebidas para "blasfemar", maneira de cavar um pouco mais fundo sua finitude.

Será blasfemo não aquela que pronuncia em vão o nome de Deus ou de seu equivalente, o autor, mas aquele que seduzido pela leitura da obra será surpreendido por duas coisas: a coragem do escritor e, consequentemente, a monstruosidade de seu desejo que o faz preencher milhares de páginas de rascunho para chegar à última versão e, em seguida, o "modelo" que o escritor se torna por meio de sua obra, como os atletas e os ascetas por meio de seus resultados.

Ao contrário destes, porém, cujo prêmio é efêmero e que muitas vezes dura apenas até as próximas Olimpíadas para os primeiros, o escritor, o artista ou o asceta[81] deixam uma obra duradoura que, salvo as restrições

---

[81] Tomo como exemplo Simon Kimbangu (1887-1951), pregador do Congo belga, atual República Democrática do Congo, condenado à morte sem provas em 1921, perdoado pelo rei Alberto I, detido por mais de trinta anos (pena maior do que a de Mandela), morto na prisão e que, apesar de seu confinamento, criou uma igreja, o kimbanguismo, seguida atualmente por mais de 10% da população congolesa. Van Reybrouck, 2012:99-206 e Wikipedia.

levantadas no capítulo anterior, os separa da comunidade e faz deles seres extraordinários, no sentido de que eles superam o que é ordinário. Sua força, portanto, não está em sua aparência, sua visibilidade jornalística ou o que eles acreditam ser, como muitas vezes mostram em entrevistas, nas quais o crítico deve ser cauteloso, mas em sua capacidade de enfrentar o implausível ou o silêncio em frente à página branca, a tela do computador ou os juízes, e de surpreender seu público pelo que esse silêncio gera.

"A escola do espanto é a única da qual provêm os efeitos que incitam os homens à secessão" (Sloterdijk, 2015, 389), ou seja, ao corte em relação ao hábito ou a cavar sua finitude.[82]

Como o autor consegue surpreender seu leitor ou qual é o mecanismo que o leva a esse resultado?

Lacan falando de amor cortês dá uma primeira resposta: "A criação da poesia consiste em colocar, segundo o modo de sublimação própria à arte, um objeto que chamarei de enlouquecedor, um parceiro desumano". (Lacan, 1995, 187) Estendido a toda a arte, chegamos ao insuperável de Sloterdijk, ao qual o acrobata, o asceta, o artista e o escritor tentam chegar. O escritor busca o mesmo objetivo que os trovadores da Idade Média tentando se aproximar de sua Dama, muitas vezes inacessível.

O insuperável que o escritor acredita encontrar após cada rasura é comparável à Dama que foge a cada momento, exige cada vez mais e se rende somente após três etapas[83]. A página rasurada é o testemunho constante deste esforço desproporcional para superar uma escritura banal ou insuficiente e chegar à próxima montanha, é a *Escalada do Monte Improvável*, de Dawkins, percurso que visa alcançar um estilo próprio. Esta longa e gigantesca batalha

---

[82] Essa também é a opinião do pastor Pétur comentando o artigo de Gudrídur: Seu artigo (sobre a minhoca, poeta cego do glebe) é fascinante. Isso me levou a pensar diferente e deixe-me dizer-lhe que isso não acontece muitas vezes, e infelizmente muito raramente, temos a impressão de ter lido um monte de livros que, bem, perdemos nossa capacidade de espanto. O ser humano está muito inclinado a ficar parado ou a se calar em seu orgulho, em seus preconceitos, ele é vítima de todos os tipos de impurezas, de escórias que o diminuem. Stéfansson, 2022, 128.

[83] Seguindo o motivo da coroa, destacamos uma progressão cronológica na relação amorosa: o amor que começa sob o signo da coroa tecida em comum, o amor que se fortalece apesar de uma certa resistência da Dama (a coroa disputada), e o amor confirmado, o "dom de agradecimento", representado pela coroação do amante. Roy, 2003, 233-251.

eleva o escritor que se tornou autor à dignidade de um herói digno de admiração.

Lacan dá uma segunda resposta. Da mesma forma pode-se "definir a arquitetura primitiva como alguma coisa organizada em torno de um vazio", (Lacan, 1995,169) assim como para toda arte. O escritor por meio da escritura organizará sua narrativa em torno de uma forma vazia (Lacan, 1995, 162) que de alguma forma sugará o leitor. Não vai fazê-lo desaparecer como a estrela sugada por um buraco negro, mas vai forçá-la a seguir os contornos deste vazio, da superfície até o mais profundo, segundo a influência da narrativa. A forma percorrida o marcará a ferro como a um escravo forçando-o "com seu pleno consentimento", daí o paradoxo, de sentir-se submetido à narrativa, pelo menos durante o tempo de leitura.

O leitor se sentirá abalado ou pelo menos perturbado ao ler o relato de Marguerite de Navarre em que a esposa de um promotor trai seu marido com um bispo e depois com um jovem soldado e, em seguida, denunciada, provoca a morte do soldado pelo marido, que é então enviado para as galeras por assassinato?[84] O que pensará o leitor da visão da mulher e da estrutura social no século XVI? Ele fará uma comparação com sua época?

Ou será que o leitor se sentirá indignado com o vazio causado pela morte de João Batista nos subterrâneos de Machaerous, que questiona tanto o rei Herodes-Antipas sobre seu reino, seu adultério, e a presença romana na Judéia, questões negadas pelo rei. Será que e o leitor irá se questionar sobre o Oriente Médio, o conflito árabe-israelense e a ocupação da Palestina?

Ou para retomar um exemplo clássico, o leitor se sentirá atraído pela curiosidade do vazio provocado pelo sabor da *madeleine* misturada ao chá que, cada vez mais, o leva a Combray, à tia Leonie e à infância do herói proustiano?

Provocando a admiração e, portanto, surpresa, o autor e sua obra irão sacudir os pressupostos, os preconceitos e o hábito do leitor, convidando-o

---

[84] A esposa de um promotor, depois de ter sido muito solicitada pelo bispo de Sées, o toma para seu proveito e, não mais satisfeita com ele do que com seu marido, encontrou uma maneira de ter para seu prazer o filho do tenente general de Alençon, para quem ela finge por um tempo depois de miseravelmente massacrar seu marido, que desde então (não obstante ter obtido remissão do assassinato) fora enviado para as galeras com um invocador chamado Galery, e tudo pela maldade de sua esposa. Resumo do Primeiro Conto, de Navarra, 1558.

a "mudar de vida", mudanças que são muito visíveis no asceta tomado como exemplo, Simon Kimbangu, cuja influência manifestará "uma primeira forma estruturada de contestação popular" que levará à independência do Congo em 1960. (Reybrouck, 2021, 206)

A dimensão social da mudança de vida menos visível entre autores e artistas cuja obra raramente provoca movimentos de multidões, chega principalmente à "alma" de cada leitor ou espectador. Assim como o escultor Rodin ou a personagem Édipo de Bauchau se deixam levar por seu material para construir sua obra, como comentei no capítulo anterior, da mesma maneira o leitor ou o ouvinte, no embate com a escritura ou o quadro, se deixarão impregnar sorrateiramente primeiro em sua imaginação e, em seguida, se a impressão for mais forte, de modo mais profundo no registro do simbólico até provocar um acréscimo triste ou alegre em sua finitude.

Daí a pergunta feita por Sloterdijk e que eu refaço ao comparar a influência de um asceta com a de um artista ou de um escritor: é possível transmitir às gerações futuras a implausibilidade superada pelo escritor, pelo artista e pelo acrobata? Como estabilizar isso?

Enquanto no asceta congolês Simon Kimbangu isso parece acontecer naturalmente, não é o caso para escritores e artistas, sabendo que "seus estados primários, os paradoxos não são experimentados como tesouros, mas sofridos como se fossem pacientes". (Sloterdijk, 2015, 388) ou descartados como "implausíveis".

Não se trata mais de admirar um herói porque, representando uma parte de mim mesmo, elevei seu livro ou seu quadro à dignidade da Coisa, como dirá Lacan, (1986, 111) e porque ele me fez ver um certo grau de finitude, mas trata-se de fazer entender aos mais jovens por que esse autor é admirado. Em outras palavras, como devo compartilhar uma admiração pessoal por uma obra que me interessou e que me forçou a cavar minha finitude?

Também não se trata de forçá-los a ler a obra ou admirar um quadro esperando que eles também sejam "tomados" pela obra, que possam sonhar e mudar profundamente o comportamento deles.

Como Sloterdijk habilmente aponta: "Os modelos de maneira compreensível [...] devem ser transportados por meio da imaginação coletiva, ou seja, por meio dos sistemas mentais de exercício e de classificação de uma cultura. (Sloterdijk, 2015, 388)

Em outras palavras, como generalizar "A escola da admiração" defendida pelo filósofo sabendo que a palavra "admiração" vem do grego "thaumazein" próxima de taumaturgo? Como provocar o milagre da transmissão?

O exemplo ainda vem dos atletas, não mais da acrobacia tradicional, mas de uma acrobacia recentemente inventada, o skatismo.[85] Os Jogos Olímpicos de Tóquio "milagrosamente" transmitiram essa paixão do skate pela televisão, o que se refletiu no imaginário coletivo. Quantos jovens começaram a andar de skate,

> após as vitórias da jovem brasileira Rayssa Leal de onze anos em julho de 2021 em Tóquio! De acordo com um estudo recente encomendado pela Federação Brasileira de Skate — a mais antiga do mundo para este esporte — existem 8,5 milhões de skatistas no país para cerca de 212 milhões de habitantes, relata Eduardo Musa, seu presidente, que especifica: "Na faixa etária de 8 a 18 anos, somos o segundo esporte no Brasil". E são especialmente as meninas que ocupam a frente do palco, impulsionadas pelos skateparks que se multiplicam em alta velocidade. (Leal, 2021)

É possível suscitar esse "milagre" para as artes e as letras?

Sim, é claro! Embora criticado um pouco acima por sua confusão, eu diria, natural entre o autor e o escritor, as sociedades reunidas em torno de um autor como os amigos de Balzac, de Colette, de Henri Bergson, de Marcel Proust, etc. são um primeiro passo para a admiração "coletiva".

Outros meios que despertam o interesse, dessa vez das multidões, são os museus e as audições de concertos ao redor do mundo, as bienais de livros em Frankfurt, Paris, São Paulo e muitas outras cidades, exposições de pinturas ou esculturas dedicadas a um artista, organizadas em muitos países, como a recente exibição imersiva *Beyong Van Gogh*.

---

[85] O esporte foi inventado na Califórnia, nos Estados Unidos. O crescimento do "surfe no asfalto" se deu de uma maneira tão grande que muitos dos jovens da época se renderam ao novo esporte chamado "skate". Surgiam, então, os primeiros skatistas da época. Em 2016, foi anunciado pelo Comitê Olímpico Internacional (COI) que o skate, a partir de 2020, no Japão, seria um esporte olímpico. Wikipedia, Skate, 2016.

Este primeiro passo tanto no esporte quanto nas artes significará a introdução do implausível no imaginário de todos os visitantes e ouvintes, o que poderá ser estendido para alguns mais conectados do que outros pelo ensino. Depois do milagre, o segundo passo será a doxa onde "a força luminosa da exceção pura seduz assim que é vista e sentida" (Sloterdijk, 2015, 393).

O terceiro passo finalmente acontece quando o incrível se torna modelo a ser imitado por todos, quando as obras, sejam elas quais forem, são consideradas perfeitas e referências em suas áreas.

PARTE II

TEMPO, MEMÓRIA, SIGNIFICANTE

CAPÍTULO 1
TEMPO E MEMÓRIA EM ÁRVORES E NOS SERES HUMANOS[86]

Pode parecer estranho começar um capítulo sobre memória e tempo em seres humanos com a memória das árvores, mas o leitor verá porque no seguinte.

Em *The Overstory (L'arbre-monde)*, Richard Powers relata a luta de grupos ambientais norte-americanos pela preservação das vastas florestas do país semelhantes em muitos aspectos à Amazônia brasileira. Seguindo os passos de uma personagem bióloga, Pat Westerford, o leitor aprende a distinguir uma árvore-mãe entre as outras cuja função é sombrear os mais jovens, abrigá-los de tempestades e enviá-los mais comida. Espantado, ela também descobre que as árvores falam entre si através de suas raízes ou aerossóis e cuidam dos brotos jovens.

Para construir sua personagem, Powers tomou como modelo, uma estudiosa canadense inicialmente rejeitada por seus pares que, após mais de vinte anos de resultados, foi reconhecida nos círculos científicos, Suzanne Simard, autora de *Finding the Mother Tree: Discovering the Wisdom of the Forest* (Simard, 2021)

A casca de árvores comparável ao "*Hoje*", cobre camadas de até duzentos ou até 5000 anos de existência para as sequoias gigantes da Califórnia. O autor americano insiste no "hoje" das florestas que dependem de seu passado. Nenhuma fuga é possível, a vida das árvores depende das gerações anteriores e até mesmo das árvores mortas,[87] o que contradiz a conduta da maioria dos homens:

---

[86] Segunda versão do artigo publicado na *Revista Brasileira de Literatura Comparada*, v. 24, n. 46, p. 9-20, jan./ abr., 2022. O texto ratifica a *Constitution non moderne* de Bruno Latour que dá como "primeira garantia, a não-separabilidade da produção comum das sociedades e das natureza", Latour, 1997, 192.

[87] O belo poema do senegalês Birago Diop insiste na continuidade da vida mesmo em árvores mortas: "Ouça mais frequentemente as coisas do que os seres, a voz do fogo é ouvida, ouve a voz da água, escute no vento o arbusto em lágrimas: é o sopro dos antepassados. Aqueles que morreram nunca saíram. Eles

Mas os seres humanos não fazem ideia do que é o tempo. Eles acreditam que é uma linha, que começa a rolar três segundos atrás apenas para desaparecer tão rapidamente nos três segundos de neblina na frente deles. Eles não veem que o tempo é um círculo em expansão que envolve outro, sempre se estendendo, até que a pele mais fina de *hoje* dependa para existir da enorme massa de tudo o que já está morto. (Powers, 2019, 529)

Identificamos sem pensar a imagem do tempo que passa em uma linha bastante curta indo de um ponto para outro, enquanto o tempo nas árvores segue o de casca ou dos círculos escuros que são adicionados um ao outro seguindo um percurso circular. Powers contrasta a visão curta e superficial do tempo do homem, que deve se estender pelo menos ao longo de uma geração, mas que na maior parte, é limitada a uma semana, ou mesmo um mês, à da árvore que muitas vezes cobre de cem a duzentos anos, pelo menos. Pensar no planeta além de nossa vida pessoal é um primeiro ensinamento da floresta.

Nosso espaço de memória que decorre dessa visão do tempo é, portanto, muito limitado, ao contrário dos árvores que não param em seu tronco como eu pensava inicialmente, mas tomam a dimensão de um conjunto de árvores ou mesmo de uma floresta como observa Suzanne Simard.

Esta forma de atravessar o espaço num campo pequeno, mas extenso, permite que as árvores se concentrem e tenham contato mais fácil entre anéis ou entre gerações sucessivas.

Esta situação não é aparentemente o caso para o homem nos níveis pessoal e social. O homem mantido por um *hoje* que o segura em suspense a cada minuto, dificilmente pensa nas horas ou nos dias anteriores. O smartphone, sempre conectado na maior parte do tempo, o assedia o tempo todo e se ele se deixar levar, ou seja, se ele ouvir esses ruídos que não param, dificilmente será capaz de se concentrar no *hoje* que o ocupa, no seu trabalho seja lá o que for, ainda menos no passado que o forçaria não a deixar o hoje de lado, mas reconsiderá-lo para dar-lhe um novo significado.

estão na sombra que se ilumina e na sombra que engrossa, os mortos não estão debaixo do chão, eles estão na árvore que estremece, eles estão na madeira que geme, eles estão na água que flui, eles estão na água que dorme, eles estão na cabana, eles estão na multidão, os mortos não estão mortos. *Le Souffle des ancêtres* em Van Reybrouck, 2021, 49-50.

No plano social, o ser humano pode ter muitos amigos, que serão lembrados pelo Meta, pelo Instagram ou pelo Messenger, mas que muitas vezes também, vai provocar a pergunta, quem é esse nome, quando eu o conheci? É provavelmente um dos indicados por esses novos canais de comunicação que correm para fazer o vínculo entre um e o outro porque têm um amigo comum, mas quem de fato não são nem amigos nem conhecidos próximos. O *hoje*, portanto, também terá uma espécie de memória infiel que fará crer não apenas em uma falsa amizade, mas também em memórias inexistentes. Quanto aos verdadeiros amigos ou parentes já falecidos, o *hoje* irá facilmente apagá-los da memória imediata, o que dá razão a Powers.

No entanto, se assumirmos a psicologia do espaço definida pelo narrador proustiano, diminuiremos facilmente as consequências da vida superficial que decorre das redes sociais:

> Não poderíamos descrever nossas relações, ainda superficiais, com alguém, sem evocar os mais diversos sítios de nossa vida. Assim, cada indivíduo — eu inclusive — dava-me a medida da duração pelo giro (revolução) que realizava em torno não só de si mesmo como dos outros e notadamente pelas oposições (posições) que sucessivamente ocupara em relação a mim. E, sem dúvida, todos esses planos diferentes, segundo os quais o Tempo, desde que, nesta festa, eu o recapturara, dispunha minha vida, aconselhando-me a recorrer, para narrar qualquer existência humana, não à psicologia plana em regra usada, mas a uma espécie de psicologia no espaço, acrescentavam nova beleza às ressurreições por minha memória operadas enquanto devaneava a sós na biblioteca, pois a memória, pela introdução da atualidade, do passado intato, tal qual fora quando era presente, suprime precisamente a grande dimensão do Tempo, a que permite à vida realizar-se."(Proust, 2013, 386)

Quanto mais o sujeito gira ou revoluciona em torno do objeto, — um livro, uma obra de arte, uma paisagem etc. — ou o ser amado ou odiado, mais o espaço-tempo entre o sujeito e o objeto se expande e enriquece. O paradoxo entre rejuvenescimento e envelhecimento ou o contato diário do hoje embutido no ontem dos dias anteriores causa enraizamento — esta é a palavra certa quando falamos de árvores —, o enraizamento do tempo passado combinado com as superposições do espaço, que inclui a do presente. Esses movimentos circulares solidificam nossas relações com seres e objetos, e incluo na psicologia proustiana, o contato com gerações anteriores. Assim, na imitação das árvores, os elos não lineares dos tempos espaciais percorridos de hoje para o passado são reforçados, mas supõem uma constância inerente às árvores, nem sempre presentes no homem. A psicologia do narrador proustiano encontra um vasto espaço semelhante ao da árvore-mãe em contato com jovens brotos no meio da floresta.

Onde está a memória das árvores?

A memória de eventos passados é armazenada nos anéis das árvores e no DNA das sementes. A largura e a densidade dos anéis das árvores, bem como a abundância natural de certos isótopos, guardam as memórias das condições de crescimento dos anos anteriores, se foi um ano chuvoso ou seco, se havia árvores próxima, ou se elas tinham caído, criando mais espaço para outras crescerem mais rápido. Nas sementes, o DNA evolui por meio de mutações e da epigenética,[88] refletindo mudanças nas condições ambientais como adaptações genéticas. (Schiffman, 2021)

A memória das árvores mantém certas lembranças e evolui pressionada pela epigenética e pelas adaptações que ela implica.

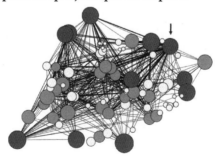

[88] Epigenética (mot-valise de epigênese e genética) é a disciplina da biologia que estuda a natureza de mecanismos que modificam reversivelmente, transmissível (durante as divisões celulares) e adaptativa a expressão dos genes sem alterar a sequência nucleotídea (DNA). Wikipédia.

Para entender como funciona a memória das árvores, é necessário descer ao longo dos troncos, alcançar a "rede interconectada e complexa de fungos micorrhizal, que colonizam as raízes das árvores" (Marchetto, 833641) e perceber que as estruturas dessa rede se assemelham em muitos aspectos ao cérebro como mostrado na imagem ao lado. (Simard, 2016) Uma verdadeira rede semelhante à rede de Internet onde as linhas representam os caminhos tomados por fungos indo de uma árvore para outra, verdadeiras "sinapses" carregando carbono, nitrogênio, enxofre e água, onde os círculos em preto, representando as árvores-mãe, se assemelham aos grupos de neurônios do nosso cérebro. A memória da árvore não é, portanto, apenas a das cascas, mas também abrange as raízes e fungos que compõem a rede, uma situação que faz Suzanne Simard hesitar no termo exato para qualificar este sistema:

> O sistema muito avançado na verdade, tem estruturas que são muito semelhantes ao nosso sistema nervoso central. Não são cérebros, mas possuem todas as características da inteligência: os comportamentos, as respostas, as percepções, o aprendizado, o arquivamento da memória. E o que está sendo enviado por essas redes são [produtos químicos] como o glutamato, um aminoácido que também serve como neurotransmissor em nosso cérebro. Eu chamo o sistema de "inteligente" porque é a palavra mais análoga que posso encontrar para descrever o que estou vendo. (Schiffman, 2021)

O sistema de transmissão em rede entre árvores é estranhamente semelhante ao nosso cérebro com suas sinapses e grupos de neurônios, mas pode ser chamado de inteligente por isso?

Parece difícil comparar um cérebro com os 85 bilhões de neurônios e sinapses com a rede de uma árvore ou mesmo de uma floresta. A magnitude concentrada do cérebro humano e seus sistemas complexos analisados por Sidarta Ribeiro e Gerald Edelman, que detalharemos a seguir, me parecem estar muito longe do sistema de árvores. Prefiro dizer que a rede detectada por Simard anuncia o sistema cerebral em animais e humanos, mas não pode lhe ser comparada.

Não é melhor qualificar o sistema de árvores de outra forma e atribuir a ele não uma inteligência, mas uma certa "capacidade cognitiva"? A capacidade cognitiva abrange múltiplos aspectos não apenas pertencentes ao homem, mas a todos os seres vivos: "comportamentos, respostas, percepções, aprendizado, arquivamento da memória" que Simard e Wohlleben discutiram extensivamente em seus respectivos livros.[89]

Compartilhando com os seres da floresta os mecanismos de transmissão, de solidariedade com nossos entes queridos, o convívio com o meio ambiente e certas memórias, estamos próximos e diferentes.

Ainda que o homem não tenha uma vida tão longa quanto árvores, ele é a ponte de uma cadeia quase interminável que remonta muito no tempo e da qual ele herda características tanto pela filogênese, herança biológica, quanto pela transmissão psíquica, heranças que ele carrega, muitas vezes sem saber.

Refletindo sobre o que aparece diariamente no seu consultório, a psicanalista Marie Moscovici inclui na memória psíquica "o sonho, os atos falhos, os sintomas, mas também, os mitos, os contos, e especialmente a própria língua na medida em que esse material toma forma apenas nele e por ele" (Moscovici, 1991, 394). É o que ela chama de memoriais.

> É através desses memoriais que passa o que é transmitido de uma geração para outra. A história que eles nos revelam não é uma, escrita para ser transmitida, é uma inscrita, depositada sem o conhecimento de quem é o portador e que permanece, por assim dizer, separado da história oficial. (Benhaim, 2007)

Moscovici segue Freud de perto. O fundador da psicanálise argumentava que a filogênese só seria palpável através da ontogênese. O psicanalista Stoloff continua na mesma linha:

---

[89] Para haver algo que reconheçamos como cérebro, é necessário haver processos neurológicos, e, para isso, é preciso haver não só substâncias semi-químicas, mas também impulsos elétricos. Acontece que desde o século XIX, detectamos a presença deles nas árvores. Em meio a esse cenário, uma briga ferrenha se arrasta há muitos anos e divide os cientistas. As plantas pensam? Frantisek Baluska, do Instituto de Botânica, Celular e Molecular da Universidade de Bonn, juntamente com seus colegas, acredita que as pontas das raízes têm estruturas semelhantes ao cérebro além de conduzir impulsos elétricos, contenha sistemas e moléculas muito parecidos com os encontrados em animais. Quando as raízes avançam no solo, podem absorver estímulos. Os pesquisadores mediram impulsos elétricos que causaram mudanças comportamentais após serem processados em uma "zona de transição". Quando as raízes encontram substâncias tóxicas, rochas impenetráveis ou áreas úmidas demais, analisam a situação e repassam as mudanças necessárias às zonas de crescimento da raiz, que muda de direção e se afasta dessas áreas críticas. Wohlleben, 2015, 154.

Assim, a filogênese seria a versão invertida da ontogênese e vice-versa. Na verdade, filogênese e ontogênese são ambos confrontados com uma problemática inconsciente que é comum a eles e a herança não é apenas do mais antigo ao novo, mas também na direção oposta, do novo ao antigo. De acordo com a conhecida fórmula, a criança é o pai do homem. (Stoloff, 2013, 6)

A memória dos fatos do passado tanto da espécie humana quanto da vida pessoal existe, digamos, virtualmente, mas chega à consciência de cada um apenas pela palavra numa história no divã ou na frente de um amigo ou um parente.

O último Lacan chama o homem: o falasser (*le parlêtre*) e ousa dizer que o ser falante tem um corpo, mas difere dele:

O ser não antecede a palavra; pelo contrário, a palavra atribui o ser ou a existência, a este animal por efeito de "só depois": em seguida, o corpo se separa desse ser para passar ao registro de ter. O falasser não é o corpo, ele o tem. (Miller, 2004,7)

Diferente do animal que é um corpo, o homem que tem um corpo se separa dele:

Sabemos que o sujeito, fruto da articulação significante, é deslocado de seu corpo não podendo, portanto, a ele se reduzir. Sabemos também que o acento dado por Lacan ao fato desse deslocamento ser efeito da linguagem, visa ressaltar uma especificidade humana, bem distinta do animal. Diferente do animal que é um corpo, o humano tem um corpo. Temos assim um dualismo saber/corpo que de certa maneira retifica o dualismo *res cogitans*/ res extensa surgido com Descartes (Miller, 1999/2004,14).

Essa posição, próxima do dualismo cartesiano à sua maneira, não nos impede de tentar entender os vínculos intrínsecos entre o cérebro e a mente estudados pela psicanálise, a neurociência, a medicina, a biologia e a botânica.

Para Miller, a memória só seria acessível através da linguagem; apenas as palavras recordariam as memórias, mas como podemos sustentar essa ideia sabendo o papel dos cinco sentidos como gatilho e, particularmente, o paladar e o olfato tão sugestivos para o herói proustiano? Como podemos explicar as comunicações dos animais entre si e as das árvores sem a nossa linguagem?

Não podemos considerar os anéis e raízes das árvores, os cérebros dos animais como contendo uma espécie de escrita porque contêm a memória dos fatos do passado?

Tinha diferenciado a inscrição sináptica ou a impressão material no corpo (no ponto de encontro dos neurônios no cérebro), o traço mnésico (relacionado à imagem de um evento da memória) e o significante (forma e sintaxe da língua). (Willemart, 2019, 113). Ribeiro, assim como Edelman relativizam a impressão material e o traço de memória.

O que acontece com o animal e a árvore?

Parece claro que a casca e as raízes da árvore, detentoras da memória da árvore como o cérebro de qualquer animal, retêm as circunstâncias que os ajudam a viver e que, por outro lado, esse tipo de memória não permitiria *a priori* considerar somente o significante já que conteria somente significados.

Portanto, não seria uma escrita, mas um conjunto de traços que parecem fixos e inadequados para jogar com o significante. Vamos pensar de novo, no entanto. Árvores e animais não brincam com o significante quando atribuem significados diferentes ao vento que lhes traz chuva ou tempestade, presa ou predador?

A diferença entre homem, animal e árvore não está, portanto, estritamente no jogo com o significante. Ela não está também não na sintaxe oral se a entendermos como o linguista Tesnière que concentra a ação no verbo (Descombes, 2004, 84). O animal pode significar uma ação por um gesto para seus congêneres, o que significa: Fuja! e a árvore enviando água para os brotos jovens que significará: beba!

A especificidade radical do homem será mostrada mais na escritura seja cantada, — a literatura oral e a poesia antes da *Ilíada* ser escrita — (Conti, 2021, C7) ou se é transcrita em pedra, madeira, tecido, papel ou computador, como toda literatura depois de Homero. Para quê? porque a escrita tem a extraordinária capacidade de inventar fatos, fazê-los existir, inventar memórias. (Zular, 2022, 153)

Esta é a verdadeira diferenciação entre homem e animal, entre homem e árvores, o homem imagina memórias e dá existência a seres fictícios não que ele mente, o animal também pode enganar seu adversário, mas porque ele deixa dizer seu desejo e o de seus próximos submetendo-se à escritura.

Refutando Lacan-Miller neste ponto, não direi que o animal é um corpo, mas que tem um corpo e uma consciência primária[90] como o homem, sem ter no entanto, a vantagem da consciência de se.

As bases fisiológicas da memória

Sobre quais bases fisiológicas funciona a memória ou quais são os mecanismos que retêm ou não os fatos. Dois pesquisadores, entre muitos outros, estudaram a questão: o médico-biólogo americano Gerald Edelman e o neurofisiologista brasileiro Sidarta Ribeiro.

Distinguindo o cérebro do pensamento e, portanto, da mente, Edelman sustenta com outros uma certa autonomia do cérebro em relação à nossa vontade ou aos nossos desejos e inventa a teoria da seleção de grupos neurais (TSGN) que pressupõe uma troca de mapa a cada percepção "sem um organizador mestre ou coordenador. (Edelman, 2004, 57)

Sublinho: "sem mestre organizador ou coordenador". O que nos impressiona durante um dia se transforma em lembranças e se dispersa em muitos mapas de neurônios sem que percebamos no momento. Até o que acreditamos lembrar com precisão, "se deteriora"[91].

---

[90] A consciência primária é o estado de estar mentalmente consciente das coisas do mundo, ou seja, das imagens mentais no presente. Os humanos não são os únicos a possuí-lo, é também o caso de animais que não têm habilidades semânticas e linguísticas, mas cuja organização do cérebro é, no entanto, semelhante à nossa. A consciência primária não é acompanhada pelo sentimento de se socialmente definido, envolvendo o conceito de passado e futuro. (Edelman, 2004,24).

[91] Em vez disso, a memória é mais uma propriedade do sistema que reflete os efeitos do contexto e associações de vários circuitos degenerados que são capazes de desencadear saídas semelhantes. Assim, cada evento de memória é dinâmico e sensível ao contexto — desencadeia a repetição de um ato mental ou físico semelhante, mas não idêntico aos atos anteriores. É recategorial: não reproduz exatamente uma experiência original. Não se justifica supor que tal memória seja representativa no sentido de que armazena um código estaticamente registrado para um ato. É melhor vê-lo como uma propriedade de interações não lineares

Sidarta Ribeiro, autora do estudo sobre sonhos, *Oráculo da noite*, distingue claramente dois tipos de memórias, uma inicialmente retida no hipocampo, elemento muito pequeno no centro do cérebro, que temporariamente retém memórias e a segunda, o córtex, que as mantém mais durável, mas à sua maneira.[92]

Lembranças das quais mantemos a imagem degenerada e não necessariamente uma palavra em particular; a palavra apela para a memória danificada mesmo na forma de um morfema ou de um submorfema? Talvez.

Sabemos que a percepção, especialmente a visão, registra fatos sem que saibamos, mas ignorando seus mecanismos. A perda da veracidade de um fato poderia ser explicada pela dispersão em cartões de memória?

A instabilidade da memória devido à mudança do suporte biológico, ao dinamismo das sinapses e à dispersão entre grupos de neurônios aumenta a intervenção do desejo e do contexto, o que Pascal Quignard, teórico psicanalista pós-lacaniano que não é neurofisiologista nem biólogo, não contesta:

> A memória não é a do armazenamento do que foi impresso na mateira do corpo. É a da eleição, da amostragem, do recall e o retorno de um único elemento dentro do que foi armazenado a granel. O esquecimento não é a amnésia. O esquecimento é uma recusa do retorno do bloco do passado na alma. O esquecimento nunca se confronta ao apagamento de algo friável; ele enfrenta o enterro do que é insuportável. A retenção é a operação que

degeneradas em uma rede multidimensional de grupos de neurônios. Essas interações tornam possível "reviver" mas não de forma idêntica um conjunto de atos e eventos anteriores, mesmo que muitas vezes tenhamos a ilusão de que nos lembramos de um evento exatamente como aconteceu. Edelman, 2004, 71.

[92] O hipocampo (que compartilhamos com os mamíferos, as aves e os répteis) tem dimensões bem menores do que o córtex cerebral, com muito menos capacidade de codificar memórias. Durante o sono pós-aprendizado, ativam se transitoriamente no hipocampo mecanismos de plasticidade que no córtex cerebral são persistentes. Por isso, o hipocampo cede, pouco a pouco, sua participação em cada memória recém-adquirida, tornando-se cada vez menos relevante à medida que a memória amadurece. Em contrapartida, a esse "esquecimento", o hipocampo renova a cada noite sua capacidade de aprender outra vez, liberando espaço de codificação para as novas memórias do dia seguinte. As memórias não são de fato confiáveis. Perdem espaço, recebem novas associações, se integram umas às outras, são depuradas e acrescidas de detalhes, atravessam filtros do desejo e da censura e sobretudo mudam de suporte biológico, passando a ser apresentadas em circuitos neuronais diferentes, gerando novas ideias, mesmo assim mantendo aparência de estabilidade. Um primor de permanência em meio à transformação incessante, um prodígio de flexibilidade sem perda de identidade. Ribeiro, 2019, 308.

consiste em organizar o esquecimento de todo esse "reste" que deve cair para preservar o que queremos de volta. [...] A memória é primeiro uma seleção no que deve ser esquecido, depois apenas uma retenção do que se pretende remover da empresa do esquecimento que a baseia (Quignard, 1933, 63-64)

Quignard se junta a Ribeiro e Edelman, mas além disso desenvolve um conceito de memória baseado no esquecimento, vasto espaço, "enterro do que é insuportável", cujo sujeito quer preservar algumas lembranças. Empreendimento involuntário baseado em primeiro lugar na qualidade essencial do inconsciente, à busca por prazer ou gozo. O tempo está bastante perturbado e não segue a ordem cronológica ou linear, mas a ordem-caos do desejo. A memória retida no cérebro e na psique é, portanto, fabricada e reflete muito pouco o que realmente aconteceu.

Sem passar pelo divã ou pela pesquisa científica, o narrador proustiano ilustra como autores literários guiados pela escritura se mostram poderosos conhecedores da alma humana, como Sigmund Freud observou quando analisou a *Gradiva* do Jensen. (Freud, 1949)

Sem pretender encontrar a lembrança em sua verdade, o narrador toma outra maneira de falar sobre memória. A partir de sua crítica à inteligência, ele distingue as lembranças por esta mesma faculdade, as de memória voluntária muitas vezes distorcida (Ele se junta a Edelman e Ribeiro nesse ponto), daquelas evocadas pela sensação, frutos da memória involuntária também não necessariamente precisas:

Acho muito razoável a crença céltica de que as almas daqueles a quem perdemos se acham cativas em algum ser inferior, em uma animal, em um vegetal, uma coisa animada, efetivamente perdidas para nós até o dia, que para muitos nunca chega, em que nos sucede passar por perto da árvore, entrar na posse de objeto que lhe serve de prisão. Então elas palpitam, nos chamem, e, logo que as reconhecemos, está quebrado o encanto. Libertada por nós, venceram a morte e voltam a viver conosco.

E assim com nosso passado. Trabalho perdido procurar evocá-lo, todos os esforços de nossa inteligência permanecem inúteis. Está ele oculto, fora do seu domínio e de seu alcance, em algum objeto material (na sensação que nos daria esse objeto material) que nós nem suspeitamos. Esse objeto só do acaso depende que o encontremos antes de morrer, o que não o encontremos nunca. (Proust, 2006, 70-71)

A pequena cidade de Combray surge assim por acaso quando o herói tomava chá com uma madeleine na tia Léonie:

> "E de súbito a lembrança me apareceu. Aquele gosto era do pedaço de madalena que nos domingos de manhã em Combray (pois nos domingos eu não saía antes da hora da missa) minha tia Léonie me oferecia, depois de o ter mergulhado em seu chá da Índia ou de tília. [...] E, como nesse divertimento japonês de mergulhar numa bacia de porcelana cheio d'água pedacinhos de papel, até então indistintos e que, depois de molhados, se estiram, se delineiam, se colorem, se diferenciam, tornam-se flores, casas, personagens consistentes e reconhecíveis, [...], tudo isso que toma forma e solidez, saiu, cidade e jardins, da minha taça [xícara] de chá" (Proust, 2006, 74)

ou no último volume da *Busca do tempo perdido* quando o herói esperando o intervalo do concerto para entrar na sala, encontra na biblioteca do duque de Guermantes o livro de George Sand que lhe lembra os doces momentos passados com sua mãe.[93]

A sensação causada pelo objeto encontrado por acaso evoca involuntariamente as lembranças que contadas, desenhadas ou escritas, denunciam o verdadeiro portador da lembrança neste caso, a impressão. Nada confirma a precisão da lembrança, no entanto. As ações do homem contaminadas com o inconsciente dirão Freud ou degenerados de acordo com neurobiólogos, nunca são todas ou inteiras continuará Lacan: a verdade nunca é toda, mas meia verdade.

---

[93] Como ao entrar nessa biblioteca, tinham-me justamente ocorrido as palavras dos Goncourt sobre as belas coleções originais nela existentes, resolvi vê-las enquanto ali estava. E, sem parar de refletir, ia tirando um a um, sem maior atenção, os preciosos volumes, quando ao abrir distraidamente um deles: *François Le Champi* de George Sand, assaltou-me uma impressão de início desagradável, como se contrariasse o rumo atual do meu pensamento, mas que depois, comovido até as lágrimas, reconheci estar bem de acordo com ele.[...] Por seu lado, este livro, cuja leitura a minha mãe me fizera em Combray até alta madrugada, guardara para mim todo o encanto daquela noite. [...] e eis que mil nada de Combray, há muito esquecidos, se punham por si mesmos a saltar, airosos, e vinham, uns após outros prender-se ao bico imantado, em fila interminável e trêmula de lembranças. Proust, 2013, 225-226.

Resumindo essa parte. A lembrança em seres humanos, embora fielmente registrada no hipocampo, é deformada durante sua passagem para o córtex e entra na esfera do esquecimento. Ela só será revivida impulsionada pelo desejo de saber que vai fazê-la reaparecer e eleger como um constituinte da memória ou aleatoriamente do encontro de um objeto ou um ser amado ou odiado. A memória do cérebro imbuída de subjetividade obedece ao comando da inteligência ou do prazer para fazer as lembranças reaparecerem. Por outro lado, não sabemos muito sobre os mecanismos da memória nas árvores e só vemos os efeitos. Além disso, o homem difere profundamente de outros seres, árvores ou animais, porque inventa memórias através da poesia e da ficção.

A arte e a memória

Como a arte é obra do homem e de nenhuma outra criatura, gostaria numa segunda etapa e para concluir, aproximar a definição de tempo e da memória segundo os escritores Powers e Proust da descrição da arte emitida por uma criança de nove anos cujo pai trabalha no Google. Ela comparava a arte com uma máquina feita por Ross Goodwin[94] usando inteligência artificial, o GPT-2.[95]

> Acho que essa máquina (fabricada por um programa de inteligência artificial) engana qualquer um que olhe para esta arte. […] No que é comumente definido como arte real, há dezenas de camadas de sentidos. Há algo por trás da arte. Imagine uma pilha de papel em uma janela. A folha de cima é o que você vê no início, seu primeiro olhar. Agora, em uma inspeção mais minuciosa, você pode cavar nas camadas de papel, geralmente nunca alcançando a última

[94] Goodwin reconhece a ininteligência dos textos gerados pela máquina, que está encarregada de anexar palavras sem entendê-las. Ele as compara a uma canção de Bob Dylan, *My Back Pages:* onde todo mundo lê ou ouve a ele a seu gosto tanto as frases embora gramaticalmente correto, ficam mais parecidas a uma assembleia de palavras sem significado no início: *Crimson flames tied through my ears / Rollin' high and mighty traps/ Pounced with fire on flaming roads/ Using ideas as my maps/ "We'll meet on edges, soon," said I/ Proud 'neath heated brow./ Ah, but I was so much older then,/ I'm younger than that now. etc.*Willemart, 2022, 79.

[95] GPT-2 (Generative Pre-Teading Transformer 2) é um modelo de linguagem saído em 2019, que trabalha com 1,5 bilhão de parâmetros.

folha absoluta, mas ainda satisfeito com sua distância daquele onde você começou a olhar para a peça. Com sua arte (a das máquinas de Goodwin), há um pedaço de papel em uma janela. Sem camadas. Tudo o que há é o que você vê à primeira vista. (Goodwin, 2016)

Assim como o espaço-tempo nunca é um instante, mas o culminar de sucessivas camadas de espaço-tempo, a última delas sendo hoje, a arte é definida não apenas pelo que é visível na superfície, mas pelas múltiplas camadas de sentidos que a constituem.

O tempo de memória do hoje na árvore e na arte se unem no mesmo processo e não podem ser definidos por sua superfície ou pelo que o olho percebe. A pulsão escópico não é a rainha da interpretação nesse sentido, é apenas um guia no início. Em outras palavras, a beleza da arte, bem como o agora do tempo, são apenas sintomas ou trompe-l'oeil cuja função é atrair nossa atenção ou nos seduzir, mas não constituem a essência da arte ou do tempo de memória. Tanto o tempo de memória de hoje da árvore quanto a arte precisam de um mergulho em sua história, outro nome para a quarta dimensão, para serem compreendidos pela inteligência em seus mecanismos. O estudo das camadas do passado tanto na árvore quanto nas versões do manuscrito é, portanto, necessário. A profunda aliança entre essas camadas ilustra a memória do texto.

No que diz respeito ao texto, delimitamos o papel do texto publicado na literatura, correndo o risco de ofender críticos literários que se apegam somente ao texto editado ou terapeutas que se limitam o presente de seus pacientes para tratá-los.

Quando falamos da memória de um texto literário ou de uma manifestação artística, devemos, portanto, identificar as camadas de instantes que estão sobrepostos já no texto publicado ou na quadro pendurado no museu e considerar as camadas de versões que se acumulam no arquivo, fonte de muitas interpretações possíveis.

Assim como a árvore cuja memória viva está impressa nos anéis de seu tronco e em suas raízes, o texto publicado contém uma memória que só será possível saber através do estudo do manuscrito.

No entanto, nem a memória como vimos acima, nem a arte de escrever, pintar ou esculpir são gravadores perfeitos ou câmeras fiéis que retêm todos os fatos ou camadas da escritura, uma vez que alguns desses fatos acontecem na cabeça dos criadores, sejam científicos ou artísticos e sofrem da fragilidade da memória sujeita à transferência do hipocampo ao córtex e à dispersão no grupos de neurônios.

Além disso, o imponderável sempre fará parte da memória de um manuscrito no sentido de que outras testemunhas possam surgir, como *Les Soixante-quinze feuillets* de Proust trabalhados de 1907 a 1908 e encontrados em 2021 ou o manuscrito *de l'essence double du langage* de Saussure de 1891, encontrado por acaso na estufa de seu castelo em 1996.

Nossa memória com lacunas em seus mecanismos é parecida à memória dos manuscritos quase sempre incompleta tendo em vista a existência possíveis de outros documentos.

Encontrar a memória invisível da floresta preservada nos anéis e raízes das árvores, é tão difícil quanto a memória dos processos de criação do manuscrito que, nunca será totalmente revelada, mesmo que o crítico acredite possuir todos os manuscritos.

Sempre haverá um resto que pode ser o que a mente do artista trabalhou inconscientemente em seus sonhos e cujos efeitos aparecerão no texto na forma de insight sem mostrar a causa.

Comparar as árvores ou a floresta com a arte e especialmente aos manuscritos da arte da escritura ensina ao homem e ao pesquisador que a paciência é a regra em observações e escavações e que a memória que emerge é a metonímia de um passado muitas vezes não muito acessível, mas sempre lá cujo conteúdo por mais que seja frágil, é a única garantia da meia-verdade que a memória contém.

O que aprendemos com essa aproximação entre a memória das árvores e a do homem?

Correndo o risco de me repetir, eu diria que a memória das árvores para o pouco que sabem os cientistas, se assemelha em muitos aspectos à nossa. Complexos também, mas muito pouco visíveis, só vemos os efeitos que demonstram uma capacidade cognitiva além do que pensávamos inicialmente:

árvores conversam entre si, cheiram, cuidam de seus brotos e mantêm uma certa memória.

O que sua capacidade cognitiva nos traz não em termos de conhecimento, mas em termos de amplitude da visão de nosso cotidiano?

Saber que o nosso hoje é o ápice de anos de trabalho de nossos antecessores amplifica nosso lugar no mundo à dimensão da idade das árvores, o que não é pouco, e nos dá uma memória dessa grandeza, memória que reinventada e transcrita em um poema, um conto ou um romance, levantará a admiração do leitor e o levará para além de si mesmo como foi a leitura de *L'arbre-monde* de Powers para mim.

Saber que somos parte de um universo que inclui plantas, árvores e animais que não estão necessariamente submetidos ao homem e que, em vez disso, devemos às vezes proteger e ajudar a viver.

Saber que a grande diferença que nos separa deste mundo é a escritura e a invenção de memórias que também dependem de uma longa história, a dos manuscritos.

Finalmente, sabendo que a arte de escrever como toda arte leva o homem a redesenhar o mundo de outra forma onde, como o pequeno príncipe, de Saint-Exupéry, fica surpreso e maravilhado com a riqueza de uma rosa.

CAPÍTULO 2
REPENSANDO O SIGNIFICANTE COM O SAUSSURE DE 1891[96]

A partir da análise de folio 215 do manuscrito *De l'essence double du langage*[97] de Ferdinand de Saussure de 1891, encontrado em 2006 no Laranjal do castelo dos Saussure, podemos repensar a forma, o lugar e o sentido do significante na língua.

O fólio 215 anuncia um futuro surpreendente para a linguística:

> É necessário dizer nosso pensamento mais íntimo? É de temer que a visão do que é feito a língua, levará a duvidar do futuro da linguística. Há desproporção para essa ciência, entre a soma de operações necessárias para entender racionalmente o objeto e a importância do objeto; da mesma maneira, teria desproporção em tentar uma teoria racional, querer fazer a descrição e a história das árvores de uma floresta, querer formular racionalmente a [illis] científica entre a procura do que acontece durante uma partida de jogo e a

Teria desproporção entre entender racionalmente a língua e sua importância. O que significa hoje "entender racionalmente a língua "e como salientar sua importância, serão objeto da primeira parte do capítulo.

Mas antes, gostaria de me debruçar sobre os dois exemplos dados no final do folio para mostrar como é difícil "compreender a linguagem racionalmente".

Na primeira, Saussure relata a dificuldade de "descrever a história das árvores de uma floresta". O que ele diria hoje se tivesse lido *L'arbre monde* (2019), de Richard Powers, que nos ensina que as árvores se comunicam entre si através de suas raízes ou aerossóis, ou se tivesse consultado *A vida secreta*

---

[96] Intervenção modificada no colóquio interdisciplinar... *La double articulation, on en crève!, Repenser le signifiant* em março-abril 2022 organizado por Federico Bravo da Universidade de Bordeaux-Montaigne.
[97] Quero agradecer a Eliane Silveira da Universidade de Uberlândia que me ofereceu o manuscrito *De l'essence double du langage.*

das árvores de Peter Wohlleben que mostra como os pesquisadores estão agora sondando os mecanismos auditivos de plantas e árvores! (Wohlleben, 2015, 153)

No segundo exemplo, Saussure se pergunta como saber "o que acontece num jogo e a desproporção entre esse objeto e o que vemos do jogo. Ele se refere implicitamente aos mecanismos do cérebro que conhecemos muito melhor no século XXI graças ao trabalho de pesquisadores, neurocientistas ou psicanalistas ou mesmo autores literários, o que Freud já havia entendido quando analisou a *Gradiva* do Jensen: "eles bebem de fontes que ainda não fizemos acessíveis à ciência" (Freud, 1949, 127)

Aventurando-se nos meandros do suporte da mente, essas pesquisas poderiam nos esclarecer sobre o objeto do colóquio: *Repensando o significante.* Refira-me, em especial, a três pesquisadores, Gerald Edelman, Federico Bravo e Sidarta Ribeiro.

Como relatei no capítulo anterior, a pesquisa de Edelman detalha o funcionamento da memória.

Federico Bravo em *Anagramas* de 2011 baseado entre outras na pesquisa de Stanislas Dehaene, aponta as peças que prega o cérebro na mente e, particularmente, quando lemos; não linear, a leitura vai na frente, volta atrás, aposta em duas temporalidades, a memória de trabalho e o presente da leitura, etc. Ele também abraça as teses de Cao Xuan Hao sobre a não linearidade, mesmo na audição.

> Saussure, trazendo à tona os poderes da metatese[98], também trouxe à tona a tabularidade intrínseca do texto escrito e talvez até lançou, além de sua descoberta do anagrama, a primeira base de uma espécie de arqueologia da leitura. [...] Além disso, a estabilidade do significante no cérebro não depende da escrita correta da palavra [...] a alma da palavra, é a letra inicial e a letra final que lhe dão corpo. [...] Os sons que compõem uma sílaba não

---

[98] A metatese é o instrumento privilegiado da delinearização: é a operação que, ao mesmo tempo, possibilita superar a temporalidade do signatário e, em termos de percepção, abstrair dela e extrair o código na forma de um syllabograma. Nesse sentido, a metatese não é um simples fenômeno da migração de sons, mas o próprio instrumento de sua compreensão: ela torna-se o traço visível da recodificação de que unidades acústicas são sistematicamente o objeto após sua apreensão na perspectiva da "psicologização dos sinais vocais" postulado por Saussure (ELG, 2002, 109) em Bravo, 2011, 125.

são emitidos nem ouvidos um após o outro (segundo Hao) (Bravo, 2011, 86-88, 90,98, 120)

As pesquisas de Sidarta Ribeiro, também mencionadas no capítulo anterior, distinguem claramente dois tipos de memórias, uma inicialmente retida no hipocampo e a segunda, mantida no córtex por mais tempo.

Três fatores jogam contra a reprodução exata ou fotográfica da memória: a mudança de apoio biológico que vai do hipocampo ao córtex, o desejo, subentendido do gozo que perturba a lembrança e a censura do eu. A plasticidade do hipocampo, que se opõe à persistência do córtex, desperta desconfiança das lembranças já esquecidas e passadas para o córtex.

O que acreditar, por exemplo, quando alguém conta um sonho ou o que viu num acidente ou um assassino? Que objeto fisiológico suporta a narrativa do contador de histórias? Que transformações ocorrem no caminho do cérebro para a linguagem utilizada?

Essas perguntas obviamente perturbam a veracidade do significante, ou seja, sua correspondência com o que realmente aconteceu.

Como essa observação nos faz repensar o significante? Gostaria de tomar como exemplo um significante especial que encontramos em qualquer manuscrito, a rasura,

Embora não se oponha a nada e pareça neutro tendo a mesma forma em todas as circunstâncias, o significante "rasura" é cada vez diferente e é definido como um intermediário entre o significante barrado e aquele que o substituirá, muitas vezes desconhecido no imediato do escritor. A rasura também é uma espécie de apelo inconsciente para que o escritor volte ao mundo virtual das possibilidades e, portanto, não é primeiramente ancorado ao significante que irá substituí-lo, mas à multidão daqueles que serão capazes de fazê-lo.

Nesse sentido, a rasura é um signo linguístico como Saussure entende, ou seja, é baseado numa associação feita pela mente entre duas coisas muito diferentes, mas ambas são psíquicas e pertencem ao sujeito: uma imagem acústica [...] associada a um conceito"? (E.1.149.1095.3C.278; IC.284 em Maniglier, 2016, 236)

O que será a rasura num discurso oral se não um "quero dizer" ou "melhor dito ainda" ou "não é isso que quero dizer", ou sugerido pelo psicanalista, um segundo relato do sonho que modificará o primeiro?

A rasura, qualquer que seja o meio, é, portanto, um signo. Observamos que o cérebro rasura à sua maneira, no caminho do hipocampo ao córtex, facilmente esquece e elimina palavras, pedaços de palavras ou eventos não apenas sob o efeito de um pensamento inconsciente, mas também sob o efeito combinado de operações químicas ou elétricas.

Mas esquecemos da mesma forma a língua materna e os eventos? Podemos dizer que a língua falada ou escrita são apenas lembranças? Provavelmente não no sentido de eventos que aconteceram conosco, mas sim no sentido de uma linguagem registrada na memória dos primeiros meses de concepção e que continua ao longo da vida, de modo que "Desde o nascimento, todos os bebês parecem distinguir todas as fonemas de todas as línguas do mundo — incluindo vogais ou consoantes que não são usadas em seu entorno (Dehaene, 2021,105)

Por isso, a língua é lembrança e trabalho da mente, como Saussure a determina na definição do signo lembrada acima.

Não é aqui que devemos diferenciar a língua dos acontecimentos? Normalmente nos lembramos da língua sem dificuldade, exceto em caso de lesão cerebral ou doença como Alzheimer, enquanto os acontecimentos nos escapam especialmente porque estão longe no tempo. A língua teria ou tem o privilégio de ser facilmente lembrada, privilégio ligado ao seu emprego diário tanto oralmente quanto por escrito? O esquecimento da língua materna ou de uma segunda língua aprendida na adolescência, devido ao seu não uso, parece confirmar isso. Acontecimentos ou língua estão, portanto, na mesma posição quanto ao esquecimento. Sua repetição ou seu uso constante determinaria sua fácil evocação ou não.

Podemos deduzir disso que a língua é baseada em remanescentes de batalhas entre os mapas dos neurônios que são os significantes que colocamos numa frase? Esses mesmos significantes se originariam do caos onde tentamos colocar as coisas em ordem? Seu papel seria ordenar uma desordem ou regenerar o degenerado ou dar o resultado de estatísticas como Stanislas Dehaene defende?[99]

Se isso for verdade para acontecimentos muitas vezes ligados a uma imagem, não vou dizer isso para a língua que existe não apenas em indivíduos, mas também fora de suas mentes. É o paradoxo que a Saussure compartilha:

> não são os "indivíduos" que são necessários para apoiar no ser e tornar acessível ao pensamento as "generalidades", mas ao contrário, as "generalidades" que são necessárias para que existem e que sejam ressentidas pelos "indivíduos". É nesse sentido que podemos dizer que não há indivíduos determinados em linguística (Maniglier, 1996, 97)

Mas por outro lado:

> Uma palavra realmente existe, e de qualquer ponto de vista se coloca a si mesmo, apenas pela sanção que recebe de momento em momento daqueles que a usam. Isso é o que a torna diferente de uma sucessão de sons e difere de outra palavra, [...] porque tudo parece estar reunido na palavra "palavra", mas não há dissociação positiva entre a ideia da palavra e a ideia da ideia que está na palavra (fo 200-201)

Para esta primeira parte, devemos repensar o significante como pertencente à memória que pode esquecê-lo, transformá-lo, lê-lo de outra maneira e a uma entidade, a língua que irá mantê-lo de acordo com seu uso regular, ao mesmo tempo, fenômeno da mente e entidade independente.

Nada de novo que eu saiba! exceto que, acentuando o pertencimento e dependência do significante da memória ou em termos saussurianos do espírito, revela sua degeneração, diria Gerald Edelman, a alma da palavra e a força da letra, diria Federico Bravo, sua fragilidade devido à mudança de suporte biológico, diria Sidarta Ribeiro. A língua é paradoxalmente tanto lembrança como existe como uma entidade independente sofrendo as consequências, como sua sujeição a mecanismos químicos.

---

[99] Resumindo, nosso cérebro age como um estatístico neural: para tomar a melhor decisão, ele examina suas entradas, acumula estatísticas pacientemente e espera até que tenha dados suficientes para ser capaz de concluir com um certo grau de certeza. Dehaene, 2021, 83.

Numa segunda parte, prosseguimos a análise da introdução do manuscrito:

O fenômeno da integração ou pós-<reflexão> é o fenômeno <duplo> que resume toda <vida ativa > da linguagem, e pelo qual [1º os signos existentes <evocam> [...] pelo simples fato do estado <sempre> acidental de suas diferenças em cada momento da língua, um número igual [...] <não de ideias> [...] de valores opostos para nossas mentes (tanto gerais quanto particulares, os primeiros [...] <chamados> por exemplo, <categorias> gramaticais, os outros [...] nomeadas de fatos de sinonímias [...]); essa oposição de valor, que é um fato PURAMENTE NEGATIVO, se transforma em fato positivo porque cada signo, ao evocar uma antítese com o conjunto de outros signos comparáveis a uma época? propriamente dito, começando com [...] as categorias gerais e terminando com os particulares, é delimitado [...] apesar de [...] < nós> em seu próprio valor. (fo 29 j 1)

Em seguida, Saussure propõe uma coisa incrível:

Numa língua composta de um total de dois signos ~~como "pa" e "ta" terá um total estará dentro estado~~, < "ba" e "la" >, a totalidade das noções <percepções> ~~que acertarão~~ confirmadas <de>a mente será <estará necessariamente ~~classificada em uma ideia 1º geral~~<ordenado> < no sentido/sons> ~~pa~~/ˈbaˈ, e ~~uma 2ª ideia geral~~ ta/ˈlaˈ: a mente vai encontrar, a partir da simples

Fº 29 j 2

fato de que há uma diferença "ba" — "la" e que não há outra, ~~um caráter comum a todos os conceitos classificados sob ba e distinto daqueles de grande distinção~~ caractere distinto permite ~~classificar regularmente a ideia ou sob~~ "ba" ~~ou sob "la"~~, classificar tudo sob ~~um~~ <o 1º> ou sob ~~o outro~~ <o 2º> ~~dos dois signos~~ <cabeça?>; <<por exemplo, a distinção de sólido e do não sólido>> neste momento, o conjunto de seu conhecimento positivo será representado ~~pela ideia~~ <pelo caráter comum> e que ~~ele atribui~~ < tenha atribuído > às coisas "ba" e ao caráter comum que ele atribuiu às coisas "la"; esse caráter é positivo, mas somente buscou em primeiro lugar <em realidade> o caráter negativo que pude permitir decidir entre "ba" e "la. Ele não tentou coordenar reunir e ~~coordenar~~, ele só queria diferenciar e ~~então~~ <Mas> <para enfim>

ele queria diferenciar apenas porque ~~o signo~~ < fato ~~externo~~ da percepção do signo> diferente que ele havia recebido o ~~forçou a chegar lá materialmente imperiosamente~~ < convidou e o trouxe até lá> ~~sem qualquer outra atividade~~ mesmo imperiosamente <~~também~~> fora de seu querer.

Lembramos a metáfora do balão para definir o signo, tirado do mesmo manuscrito:

> Só se pode realmente dominar o signo, segui-lo como um balão no ar, com certeza de alcançá-lo, quando se percebe plenamente sua natureza — uma natureza dupla que não consiste no envelope nem na mente, no hidrogênio que é inserido nele e que não valeria nada sem o envelope. (ELG.115)

Em outras palavras, o signo refere-se tanto ao som quanto ao significado e só tem significado ao se opor aos outros.

Por um lado, essa hipótese extraordinária de uma linguagem composta apenas de dois signos "ba" e "la", pelo que ela subjaz; por outro, a hipótese absurda porque contrário à experiência de qualquer pai de um bebê ou observador, essa hipótese merece ser comentada e dará mais uma indicação de como repensar o significante.

Hipótese extraordinária por quê? Qualquer ser, sabendo dizer duas sílabas ou duas palavras monossilábicas ou dois significados que não podem ser dois gritos já que composto de letras, o que exclui os gritos dos animais, classificaria a totalidade de suas percepções sob suas duas sílabas distintas. Esta linguagem extremamente limitada permitiria que um ser dividisse sua visão do mundo entre duas sílabas que se distinguem pela morfema do início da palavra ou da sílaba e, por outro lado, considera os dois significantes como tendo múltiplos significados na sua diferença. Esses dois significantes poderiam não coincidir com a definição do significante lacaniano, mas aproximar-se dele.

Lembremo-nos de que qualquer discurso emitido no divã, não é retido pelo que significa para todos ou como uma língua instrumental de comunicação, mas como tendo um significado singular na história de vida do analisando e, portanto, que o significante suste múltiplos significados como esta nova língua inventada por Saussure.

A hipótese, no entanto, não vai contra a própria definição do signo. "Longe de serem separados, o significante e o significante estão misturados numa única e mesma coisa."[100] (Maniglier, 2006, 255) Cada momento define o signo pouco importa se o significado muda a cada intervenção. Os dois significantes "la" e "ba" sustentam um conjunto de significados e não mais um único como o defende Lacan. Saussure seria precursor de Lacan neste sentido?

A única maneira que tem este ser estranho para se dizer só seria válida na oposição de sílabas. Sim, mas ele ainda tem que conhecer outros seres humanos que também têm apenas duas palavras para dizer a si mesmos e dizer o que sentem[101]. Saussure, portanto, pressupõe uma comunidade de seres falantes que só podem dizer "ba" e "la" e entender uns aos outros, apesar da restrição mínima das palavras. A conexão entre cérebros ou a sincronia cerebral funcionaria tão perfeitamente como se houvesse uma língua completa, diria o neurocientista brasileiro Miguel Nicolelis. (2020, 277)

Curiosamente, nenhuma sintaxe é relatada exceto aquela que poderíamos conjecturar como a coordenação (e, ou, nem, mas, ora, portanto) ou a subordinação das duas sílabas que não seriam ditas, mas expressas de outra forma. Devemos, no entanto, assumir um mínimo de sintaxe porque ela distingue a linguagem dos gritos dos animais: "Todas as espécies, exceto a nossa, se comunicam apenas com a ajuda de um pequeno repertório de gritos. Somos os únicos a combinar esses gritos de acordo com uma sintaxe organizada." (Dehaene, 2021, 149)

Mas o que são essas duas sílabas? Nem o sintagma verbal, o que Lucien Tesnière faria sem o verbo? Nem sintagma nominal. Devemos acreditar que

---

[100] "O signo não é a sequência de sílabas — é o ser duplo constituído por uma sequência de sílabas na medida em que se anexa um determinado significado. O sinal é duplo: Significado/sílabas: este é o ponto mais difícil da semiologia, e este lado terá sido negligenciado também pela forma indicada para considerar a questão. Podemos representar esta correspondência pela seguinte comparação: você não pode cortar a frente de uma folha de papel sem a parte de trás. Só se pode tirar um dos dois por abstração. E. 1.254.1834.2R.22; G.24 em Maniglier, 2006, pp.256-257.

[101] Saussure estava certo, mas ele nunca teria pensado que poderia ser uma conversa de um bebê com a mãe: "Registramos o cérebro de bebês prematuros de 28 semanas e já podemos ver respostas para a linguagem: a partir dessa idade, um bebê pode dizer a diferença entre duas vozes, ou entre duas sílabas como ba e ga." Dehaene, 2024, posição 46.

esses sintagmas (SN e SV) estão implícitos ou mimados por gestos ou tom de voz? O significante pode ser reduzido a um sintagma nominal?

Os morfemas b e p definem a segunda articulação, mas se confundem na primeira, um exemplo de Saussure. Lacan poderia ter tomado esse exemplo para justificar seu desdém para a segunda articulação. Ele invocou a língua chinesa, composta apenas de palavras monossilábicas, para desprezar o autor da invenção da segunda articulação, André Martinet: do mal-entendido ao desprezo, da engano ao desrespeito decorre seu erro da leitura. Não discutirei sobre as razões de Lacan para recusar a segunda articulação que não existiria na língua chinesa já que não a conhece e sugiro a leitura do artigo de Erick Porge (2002) e o comentário de Dehaene sobre a língua chinesa que, ela também, comporta poucas sílabas, mas reenviam a conceitos dos mais variados.[102]

Retomamos o contexto da frase que Federico Bravo citou para lançar o colóquio: "la double articulation, on en crève!"), frase que Lacan reforça no mesmo parágrafo do seminário XVII: "Então, a dupla articulação, é bizarra por lá". (Lacan, 2009, 45)[103]

Cegueira de Lacan, no entanto, que não quer saber da diferença entre morfema e fonema e que considera palavras apenas em sua totalidade. Em nenhum momento ele fala de morfema.

No entanto, ele inventa um conceito-chave, antecipado de uma certa maneira por Saussure, como o sublinha Bravo (2011, 186) comentado por muitos, o conceito de *alíngua* no qual se foca a letra, mas a letra ouvida, ouvida tanto pelo analista quanto pelo analisando que ressoa num fundo de rumor no sentido de Barthes[104] que permite ouvir muitas coisas ou letras além dos significados do discurso atual do analisando sem entendê-los no início, o que reenvia à hipótese da linguagem com duas sílabas. Este rumor da *alíngua* não é uma montagem de letras e, portanto, de morfemas, a menor unidade significativa da língua, que será apreendida apenas pela pontuação do analista ou do analisando percebendo a estranheza da morfema?

---

[102] A maioria das palavras chinesas comportam apenas uma ou duas sílabas, e como tem somente 1.300 sílabas, cada uma pode reenviar a dezenas de conceitos muito diferentes. Dehaene, 2007,64.

[103] A um deles (os linguistas) que há anos enche a boca com a articulação dupla — E de deixar todo mundo esgotado. Lacan, 2009, 45.

[104] Devo essa conexão entre *O rumor da língua* de Roland Barthes, a letra e a *alíngua* a Alexandre Simões, psicanalista em São Paulo em <https://www.youtube. corn/watch?v=NqzULlqMùY>.

Sem dizer isso, portanto, e sem saber, Lacan teria ficado preso na armadilha, mas também consideraria a morfema de uma maneira completamente diferente dos linguistas. Não importa que ele não reconheça a segunda articulação de Martinet, ele a considera de fato pela decomposição da palavra em letras que o faz encarar não uma segunda articulação, mas uma infinidade de articulações:

> Deus é propriamente o lugar onde, se vocês me permitirem o jogo, se produz *o deus-ser — o deuzer — o dizer*. Por um nada, o dizer faz Deus ser. E enquanto se disser alguma coisa, a hipótese de Deus estará aí. [...] *Alíngua* é o que me permitiu fazer de meu S2 uma questão, e perguntar: será mesmo *dos*, deles, *dois*, que se trata na linguagem? (Lacan, 1985, 62, 190)

O jogo com as letras, um hábito de Lacan, não revela um jogo sobre morfemas que inclui vogais e não apenas consoantes, como muitas vezes pensamos? Lacan vai ainda mais longe:

> Seguir o fio do discurso analítico não tende para nada menos do que refraturar, encurvar, marcar com uma curvatura própria e por uma curva que não poderia nem mesmo ser mantida como sendo com a das linhas de força, aquilo que produz como tal a falha, a descontinuidade. Nosso recurso é, na *alíngua*, o que a fratura. Se bem que que nada parece constituir o horizonte do discurso analítico do que esse emprego que se faz da letra em matemática. (Lacan, 1985, 61)

Repensar o significante, portanto, também significará compreender a estranheza ou heterodoxia da morfema que surgirá do discurso atual não só do analisando, mas de qualquer discurso.

Lacan não fala do significante do discurso atual, mas daquele que surgirá como resultado da enunciação do analisando, ou seja, o significante do inconsciente que une o de Saussure em certos pontos:

> Minha hipótese é que o indivíduo que é afetado pelo inconsciente é o mesmo que constitui o que eu chamo de sujeito de um significante. O que enuncio nesta fórmula mínima que um significante representa um sujeito

para outro significante. O significante em si não é nada de definível senão como uma diferença com outro significante. É a introdução da diferença como tal no campo, o que permite extrair da *alíngua* o que é do significante. (Lacan, 1985, 194)

Tanto o significante saussuriano (Maniglier, 2006, 309) quanto o lacaniano são válidos apenas na sua diferença com outro significante. Nesse sentido, o estranho ser que só pode dizer "ba" e "la", pode ser ouvido pelos dois fundadores que lá encontrarão sua tese. Qualquer que seja o nível inconsciente ou não, todas as equívocos serão possíveis em tão poucas palavras, o que valorizaria o não verbal: o gesto, o tom, a mímica.

Em que, a proposta de Saussure de uma língua de duas sílabas nos faz repensar o significante?

A proposta nos faz insistir na impossibilidade de isolar o signo que sempre surge em oposição ao outro, o outro que pode ser o mesmo, ou seja, que mantém a forma, mas em um contexto diferente, o que significa que a forma nunca está embutida em um único significado. É aqui que Saussure planejou Lacan se me permite dizer, como ele já tinha feito quando ele suspeitava da existência do conceito de *alíngua*.

É também enfatizar as mil matizes de cada significante, uma vez que dois signos devem ser capazes de dizer tudo o que o homem percebe, sente e entende. É encher o universo com átomos à la Rovelli, este astrofísico inventor da gravidade quântica em loop, átomos que na mesma forma, brilham, são intricados, enrolados uns aos outros em sua diversidade, mas são invisíveis ao olho humano.

Para ser mais concreto, as mil matizes do significante são reveladas de duas formas: seja no discurso ouvido, ouvido sob a pressão da pulsão invocante, ou na escritura onde no decorrer dos rascunhos, o poeta ou o romancista, instrumento da linguagem, scriptor, testemunha o nascimento de matizes insuspeitadas. É aqui que a linguística encontra a literatura.

Envio

O leitor que chegou ao final deste ensaio deve dizer a si mesmo: "Mas o que mais ele quer acrescentar?" Simplesmente que a aventura continua para o artista, o escritor e também para o leitor e o crítico.

De pé no fio esticado do acrobata e sempre visando o ponto mais alto, nossos quatro personagens, como verdadeiros atletas, assediam seu apoio, a linguagem ou o material — pedra, madeira, tinta, voz ou cores — para chegar a um cume nunca pisado.

Não faltam exemplos. Flaubert, Proust e Bauchau não pararam de lutar.

Flaubert deixou seu último livro, *Bouvard et Pécuchet*, inacabado.

Proust derrotado por seu corpo, deixou para trás três romances que seu irmão Robert e seu editor Jacques Rivière publicaram após sua morte.

Em suma, os dois autores e quase todos os que entraram na escritura nunca pararam de lutar para atravessar uma montanha cada vez mais alta, se tomarmos a comparação de Nietzsche reinventado por Sloterdijk e Dawkins.

Eles se libertaram do tempo, quero dizer de seu tempo ou de sua época em que a crítica biográfica muitas vezes gosta de confiná-los? Será que seu livro futuro, pelo qual às vezes lutaram por anos, será capaz de manter uma aliança com o público nos próximos anos? Ou autores, artistas e leitores durarão muito tempo em "sua montanha" antes de serem ultrapassados por outros e colocados de volta em seu espaço-tempo? Em outras palavras, o improvável, uma vez alcançado, será superado ou contra-atacado por aqueles que seguem e escalam uma montanha mais alta do que a última?

Quais autores dos quais a escritura permanecerá uma estrela para a humanidade?

Lembremos a citação do quinto capítulo: Aqueles "cujas chaves mágicas nos abrem nas profundezas de nós mesmos a porta das moradas onde não poderíamos ter penetrado" adverte Proust. Porta que se abrirá se o autor conseguir provocar espanto que levará o leitor a não admirar o escritor ou seu romance, mas para a consciência de sua finitude ou ressentir a falta de, enfatizará Quignard por seu personagem Lambert Hatten.

Outras maneiras de abrir a porta são sugeridas na segunda parte deste ensaio:

Certamente, o divã que nos colocará em contato com os "memoriais" (Moscovici, 1991) muitas vezes depositado na língua sem o nosso conhecimento e que nos fará sentir nosso apego às gerações anteriores, bem como aos anéis das árvores que mostram sua antiguidade.

Desconfiança de nossas memórias e de nossa leitura sugerida por Edelman, Ribeiro, Dehaene e Bravo, consequência do significante com mil nuances.

Ouvir sonhos que muitas vezes são impossíveis de dizer, nos faz sentir "forças, ritmos, pensamentos frenéticos (que) sobem, borbulham e se destroem". (*Antígona*, 1997, 292)

Viver a imaginação de um personagem com o qual o leitor se identificou, transformá-lo em todas as suas faces, sabendo que não é por acaso que agradou, lembrando-nos que somos trezentos, como canta Mário de Andrade.

Finalmente, viver a casa do tempo dando existência a seres fictícios e reorganizar suas imagens por meio da escritura.

Arte e literatura assim como a ciência através de seus instrumentos e a inteligência artificial, nos dão uma visão diferente e nos fazem cruzar fronteiras improváveis e, eu diria, impensáveis antes de serem escritas.

Gênese do ensaio

Como nasceu o ensaio? A leitura dos livros de Sloterdijk está na origem. Animado com a potência de reflexão do *Palais de cristal* (2005) em 2016, li o volume anterior, *Globe Sphère II* (1999) e os dois volumes que se seguiram, *La folie de Dieu* (2006) e *Tu dois changer ta vie* (2009), em 2020.

O primeiro capítulo, escrito em forma de artigo e concluído em março de 2021, foi calorosamente recebido por Roberto Zular e depois por Michel Peterson. Convencido de que poderia "desdobrar" (Deleuze) o texto, escrevi os próximos seis capítulos durante o ano de 2021 e no início de 2022. Não de qualquer maneira, mas anotando Sloterdijk, palavra por palavra, ou melhor, capítulo por capítulo, mas sempre pensando em articular essas citações com as máquinas inventadas há muito tempo, as rodas da escritura e leitura e sublinhando as vantagens da escritura sobre qualquer modelo de linguagem, CPT, Gemini, Claude, etc.

O *Globe Sphère II* sustenta especialmente o primeiro capítulo, o *Palais de cristal* enquadra o segundo capítulo e *Tu dois changer ta vie*, estrutura o quarto e o sétimo capítulo. Falando do cérebro, não pude ne impedir de comparar Sloterdijk, geneticista sem saber pela minha leitura, com a teoria psicanalítica, as descobertas de Stanislas Dehaene e a ficção de Pascal Quignard.

Na segunda parte, acrescentei um artigo solicitado pela Associação Brasileira de Literatura Comparada (ABRALIC) sobre a memória e uma intervenção para um colóquio em Grenoble sobre Saussure, assuntos relacionados com a reflexão da primeira parte.

A ideia que me guiou durante a pesquisa e sua redação sempre foi o título do primeiro capítulo transformado em título do livro onde, seguindo o autor de *Em busca do tempo perdido*, coloquei a arte da escritura em primeira lugar confirmando que: "A verdadeira vida, a vida finalmente descoberta e esclarecida, a única vida consequentemente plenamente vivida, é a literatura; esta vida que, em certo sentido, habita a cada momento em todos os homens, bem como no artista". (Proust, 2013, 240)

Bibliografia

Alavoine, Bernard. Qui raconte l'histoire chez Simenon? Originalité du jeu avec la voix et le point de vue. *Cahiers de narratologie*, [S.l.], n. 10.1, p. 49-61, 2001. Disponível em: <https://journals.openedition.org/narratologie/6913>. Acesso em: 20 maio 2025.

Almodóvar, Pedro. (Dir.). *Dolor y gloria* [Filme]. Espanha: El Deseo, 2019.

Andrade, Mário de. *Eu sou trezentos, eu sou trezentos e cinquenta*. São Paulo: Agir, 2019. 160 p.

Ansermet, François; Magistretti, Pierre. *À chacun son cerveau: plasticité neuronale et inconscient*. Paris: Odile Jacob, 2004. 270 p.

Aspect, Alain. *Le photon onde ou particule? L'étrangeté quantique mise en lumière*. [S.l.]: Institut des Hautes Études Scientifiques (IHES), 2021. 1 h 33 min 22 s. Publicado no YouTube. Disponível em: <https://www.youtube.com/watch?v=_kGqkxQo-Tw>. Acesso em: maio 2025.

Aubert, Nathalie. Proust et Bergson: la mémoire du corps. *Revue de littérature comparée*, Paris, n. 2, p. 133-149, 2011. Disponível em: <https://www.cairn.info/revue-de-litterature-comparee-2011-2-page-133.htm>. Acesso em: maio 2025.

Barthes, Roland. *O rumor da língua*. Tradução de Mario Laranjeira. São Paulo: Brasiliense, 1988.

Bauchau, Henry. *Œdipe sur la route*. 2° version, Cahier 3. Suite 174 à 278; ML 7406/8, Œdipe suite du 25.10.86 au 12.12.1986.

_____. *Œdipe sur la route*. Paris: Labor, 1992.

_____. *Antigone*. Aix: Actes Sud, 1997.

Benhaïm, David. La phylogenèse et la question du transgénérationnel. *Le Divan familial*, Paris, n. 1, p. 11-25, 2007. Disponível em: <https://shs.cairn.info/revue-le-divan-familial-2007-1-page-11?lang=fr>. Acesso em: maio 2025.

Borges, Jorge Luis. *Obras completas*. Buenos Aires: Emecé, 1974.

Bouysse, Franck. *Né d'aucune femme*. Paris: La Manufacture du livre, 2019.

Braunstein, Nestor. *Traduire la psychanalyse. Interprétation, sens, transfert*. Toulouse: Érès, 2016.

Bravo, Federico. *Anagrammes*. Limoges: Lambert-Lucas, 2011.

_____. *Linguisteries*. Paris: Stilus, 2021.

Bridet, Guillaume. Tensions entre les avant-gardes: le surréalisme et le Parti communiste. *Itinéraires*, 2011. Disponível em: <https://doi.org/10.4000/itineraires.1366>. Acesso em: dezembro 2020.

Broch, Herman. *La Mort de Virgile*. Paris: Gallimard, 1955.

Cabrol, Nathalie. *À l'aube de nouveaux horizons*. Paris: Seuil, 2023.

Cáceres, André. A ciência, como qualquer abstração da mente humana, tem limites. *O Estado de S. Paulo*, 27 ago. 2020. Disponível em: <https://nace.com.br/a-ciencia-como-qualquer-abstracao-da-mente-humana-tem-limites-08-2020/>. Acesso em: maio 2025.

Calil, Eduardo. *Autoria, a criança e a escrita de histórias inventadas*. Alagoas: EDUFAL, 1988.

_____. *Escutar o invisível: escritura e poesia na sala da aula*. Rio de Janeiro: Unesp; Funarte, 2008.

Camus, Albert. *La Peste*. Paris: Gallimard, 1972.

Cherigui, Djamel. *La sainte touche*. Paris: Lattès, 2021.

Chiche, Sarah. *Les enténébrés*. Paris: Seuil, 2019.

Connes, Alain; Chéreau, Danye; Dixmier, Jacques. *Le théâtre quantique*. Paris: Odile Jacob, 2018.

Connes, Alain; Sibony, Daniel. *Les notions de temps et de vérité*. Fondation Hugot du Collège de France, 25 fev. 2019. Publicado no YouTube. Disponível em: <https://www.youtube.com/watch?v=SWgASHHanLU>. Acesso em: maio 2025.

Conti, Mario Sergio. No princípio era o verbo. *Ilustrada, Folha de S. Paulo*, São Paulo, 9 out. 2021, C7.

Crémieux, Bernard. *Du côté de Marcel Proust*. Paris: La Table Ronde, 1929.

Cyrulnik, Boris. *Des âmes et des saisons*. Paris: Odile Jacob, 2020. Edição eletrônica.

_____. *Le laboureur et les mangeurs de vent*. Paris: Odile Jacob, 2022. Edição eletrônica.

Damour, Thibaut. *Si Einstein m'était conté*. Paris: Flammarion, 2016.

_____.; Burniat, Mathieu. *Le mystère du monde quantique*. Paris: Dargaud, 2017.

_____.; Carrière, Jean-Claude. *Entretien sur la multitude du monde*. Paris: Odile Jacob, 2018.

Dawkins, Richard. *Climbing Mount Improbable*. London: Penguin, 2006.

Dehaene, Stanislas. *Les neurones de la lecture*. Paris: Odile Jacob, 2007.

_____. *Face à face avec notre cerveau*. Paris: Odile Jacob, 2021.

_____. *Une idée dans la tête: 40 pépites réjouissantes sur le cerveau et l'apprentissage*. Paris: Odile Jacob, 2024.

Deleuze, Gilles. *Une leçon de philosophie*. 1987. Disponível em: <https://www.facebook.com/Ina.fr/videos/815948825858348/>. Acesso em: dezembro 2020.

Descombes, Vincent. *Le complément du sujet*. Paris: Gallimard, 2004.

Diamanka, Souleymaine. *Habitant de nulle part, originaire de partout*. Paris: Points, 2021.

Dictionnaire *de la psychanalyse*, sous la direction de Roland Chamana et Bernard Vandermersh. Paris: Larousse, 1998.

Dieudonné, Adeline. *Kérosène*. Paris: L'Iconoclaste, 2021.

Di Rocco, Vincent. *Qui est là? Échecs de la symbolisation et symbolisation des échecs de la symbolisation dans les problématiques psychotiques*. Thèse (Doctorat en Psychologie) – Université Lumière Lyon 2, 2006. Disponível em: <http://theses.univ-lyon2.fr/documents/lyon2/2006/dirocco_v/info>. Acesso em: maio 2025.

Dumas, Alexandre. Comment je deviens auteur dramatique. *Revue des Deux Mondes*, n. 4, 1833.

Edelman, M. Gerald. *Plus vaste que le ciel: une nouvelle théorie générale du cerveau*. Tradução de Jean-Luc Fidel. Paris: Odile Jacob, 2004.

_____. *La science du cerveau et la connaissance*. Tradução de Jean-Luc Fidel. Paris: Odile Jacob, 2006.

Ferrara, Virgine. Le surmoi, notre censeur intérieur. 12 jan. 2018. Disponível em: <https://www.virginieferrara.com/2018/01/12/surmoi-censeur-interieur/>. Acesso em: maio 2025.

Flusser, Vilém. *Filosofia da caixa preta*. São Paulo: É Realizações, 2018.

Foucault, Michel. *L'archéologie du savoir*. Paris: Gallimard, 1969.

Freud, Sigmund. Une difficulté de la psychanalyse (1917). Tradução de Marie Bonaparte e E. Marty. In: _____. *Essais de psychanalyse appliquée*. Paris: Gallimard, 1933. Réimpr. 1971. (Collection Idées, NRF, n. 243). p. 137-147.

_____. *Délire et rêves dans la "Gradiva" de Jensen*. Tradução de Marie Bonaparte. Paris: Gallimard, 1949.

_____. *Introduction à la psychanalyse*. Paris: Payot, 1964.

_____. *Deuil et mélancolie*. In: *Métapsychologie*. Paris: Gallimard, 1968.

_____. *La vie sexuelle*. Paris: PUF, 1973.

Garrigou-Lagrange, Matthieu. Comment pense un savant? *Sans oser le demander* [podcast]. France Culture, 13 mai 2022. Disponível em: <https://www.radiofrance.fr/franceculture/podcasts/sans-oser-le-demander/comment-pense-un-savant-7851811>. Acesso em: maio 2025.

Haddad, Shane. Toni tout court. *La Grande Librairie*, TV5, 20 avril 2021.

Houellebecq, Michel. *La possibilité d'une île*. Paris: Flammarion, 2005.

_____. *La carte et le territoire*. Paris: Flammarion, 2010.

Hudson, Nancy. *Cantique des plaines*. Arles: Actes Sud, 1993.

Jaspers, Karl. *Origine et sens de l'histoire*. Tradução de Hélène Naef e Wolfgang Achterberg. Paris: Plon, 1954.

Joyce, James. *Ulysses*. Paris: Gallimard, 2004.

Juncker, Filomena. *Entre sciences et lettres: le silence au fil des géométries*. Nice: Thèse HDR, 2020.

Kaddour, Hédi. *La nuit des orateurs*. Paris: Gallimard, 2021.

Kaufmanner, Henri. Debilidade ou loucura: elucubrações a partir do conceito de Parlêtre. *CliniCAPS*, Belo Horizonte, v. 1, n. 3, dez. 2007. Disponível em: <https://pepsic.bvsalud.org/scielo.php?script=sci_arttext&pid=S1983-60072007000300004>. Acesso em: 8 out. 2021.

Kristeva, Julia. *Le temps sensible*. Paris: Gallimard, 1994.

Lacan, Jacques. *Escritos*. Rio de Janeiro: Zahar, 1995.

_____. *O seminário, Livro 7: A ética da psicanálise*. Rio de Janeiro: Zahar, 1995.

_____. *O seminário, Livro 18: De um discurso que não fosse semblante*. Tradução de Vera Ribeiro. Rio de Janeiro: Zahar, 2009.

_____. *O seminário, Livro 19: Ou pior*. Tradução de Vera Ribeiro. Rio de Janeiro: Zahar, 2011.

_____. *O seminário, Livro 20: Mais ainda*. Tradução de M. D. Magno. Rio de Janeiro: Zahar, 1985.

Latour, Bruno. *Nous n'avons jamais été modernes*. Paris: La Découverte, 1997.

Leal, Rayssa. Tokyo 2021: Rayssa Leal, la jeune prodige brésilienne du skateboard. *France 24*, 25 jul. 2021. Disponível em: <https://www.france24.com/fr/sports/20210725-tokyo-2021-rayssa-leal-la-jeune-prodige-br%C3%A9silienne-du-skateboard>. Acesso em: maio 2025.

Le Cun, Yann. *Quand la machine apprend*. Paris: Odile Jacob, 2019.

Le Guin, Ursula K. *La main gauche de la nuit*. Paris: Laffont, 1971.

Mallarmé, Stéphane. Quant au livre. In: *Œuvres complètes*. Paris: Gallimard, 1945.

Maniglier, Patrice. *La vie énigmatique des signes: Saussure et la naissance du structuralisme*. Paris: Leo Scheer, 2006.

Marchetto, Artur. Conexões fúngicas. *Ponto Nemo*, temporada 1, episódio 05.

Mauro, Fillipe. Às margens do Vivonne: o estilo de Marcel Proust nos romances de Pedro Nava, Jorge Andrade e Cyro dos Anjos. São Paulo: FFLCH, 2020. Tese (inédita).

Maxiscience. Quelle est la mission du télescope James Webb? 12 déc. 2022. Disponível em: <https://www.maxisciences.com/sciences/espace/tout-savoir-sur-le-telescope-james-webb-qui-revolutionne-lastrophysique_art49889.html>. Acesso em: maio 2025.

Melville, Herman. *Moby Dick.* Paris: Phoebus, 2005.

Miller, Jacques-Alain. Biologia lacaniana e acontecimentos de corpo. *Opção Lacaniana*, São Paulo, n. 41, p. 7-67, dez. 2004.

_____. *L'inconscient et le corps parlant.* Paris: École de la cause freudienne, 2014. n. 88.

Mombert, Sarah. Dans les archives d'un atelier littéraire. *Genesis*, n. 54, 2022.

Moscovici, Marie. *Il est arrivé quelque chose.* Paris: Petite Bibliothèque Payot, 1991.

Navarre, Marguerite de. *L'Heptaméron* [Document électronique], 1558. Texte établi par Michel François. Disponível em: <https://gallica.bnf.fr/ark:/12148/bpt6k65681976/f38.image.r=galere>. Acesso em: maio 2025.

Nicolelis, Miguel. *O verdadeiro criador de tudo.* São Paulo: Planeta, 2020.

Nietzsche, Friedrich. *Jamais en vain: Humain, trop humain II.* 1878. Edição eletrônica Kindle.

_____. *Ainsi parlait Zarathoustra.* 1883-1885. Paris: Gallimard, 1947.

Noailly, **Michèle.** Être Chateaubriand ou rien. *Langue française*, n. 146, p. 39-52, 2005. Disponível em: <https://shs.cairn.info/revue-langue-francaise-2005-2-page-39?lang=fr>. Acesso em: maio 2025.

Patino, Bruno. *Tempête dans le bocal.* Paris: Grasset, 2022.

Paulesu, Eraldo.; et al. A cultural effect on brain function. *Nature Neuroscience*, v. 3, 91-96 (2000).

Phillips, Adam. *La meilleure des vies.* Paris: Éditions de l'Olivier, 2013.

Pommier, Gérard. *Naissance et renaissance de l'écriture.* Paris: PUF, 1993.

Porge, Érik. Sur les traces du chinois chez Lacan. *Essaim*, n. 10, p. 2, 2002.

Powers, Richard. *L'arbre monde.* Tradução de Serge Chauvin. Paris: Interforum Éditis, 2018.

_____. *Sidérations.* Tradução de Serge Chauvin. Aix: Actes Sud, 2021.

Prigogine, Ilya. *Les lois du chaos.* Paris: Flammarion, 1994.

Proust, Marcel. *Jean Santeuil.* Paris: Gallimard, 1952.

_____. *Soixante-Quinze feuillets et autres manuscrits inédits.* Paris: Gallimard, 2021.

_____. À propos du "style" de Flaubert (1920). In: *Essais et articles. Contre Sainte-Beuve.* Paris: Gallimard, 1971.

_____. *Carnets.* Paris: Gallimard, 2002.

_____. *No caminho de Swann. Em busca do tempo perdido.* Tradução de Mario Quintana. São Paulo: Globo, 2006.

_____. *O caminho de Guermantes.* Tradução de Mario Quintana. São Paulo: Globo, 2007.

_____. *Sodoma et Gomorra.* Tradução de Mario Quintana. São Paulo: Globo, 2008.

_____. *O tempo redescoberto. Em busca do tempo perdido.* Tradução de Lúcia Miguel Pereira. São Paulo: Globo, 2013.

Quignard, Pascal. *Le lecteur.* Paris: Gallimard, 1976.

_____. *Vie secrète.* Paris: Gallimard, 1988.

_____. *Le nom sur le bout de la langue.* Paris: Gallimard, 1993.

_____. *Les Ombres errantes.* Paris: Grasset, 2002.

_____. *La barque silencieuse.* Paris: Seuil, 2009.

_____. *Leçon de solfège et de piano*. Paris: Arléa, 2013.

_____. *Critique du jugement*. Paris: Galilée, 2015.

_____. *L'amour La mer*. Paris: Gallimard, 2022. Radio-France, 23 sept. 2003. Disponível em: <https://www.radiofrance.fr/franceculture/podcasts/avec-sciences/james-webb-a-la-recherche-de-la-vie-sur-k2-18b-7959366>. Acesso em: maio 2025.

Rahimi, Atiq. *Les Porteurs d'eau*. Paris: POL, 2019.

Reeves, Hubert. Forum "Année vue par les sciences" à la Sorbonne, Paris. Disponível em: <https://www.franceculture.fr/emissions/la-methode-scientifique/lecon-de-cloture--par-hubert-reeves. Acesso em: fev. 2017>.

Rettenmaier, Miguel.; Verardi, Fabiane. (Orgs.). *Leitura literária*. Passo Fundo: UPF, 2023.

Ribeiro, Sidarta. *Oráculos da noite: a história e a ciência do sonho*. São Paulo: Companhia das Letras, 2019.

Rousset, Jean. *Forme et signification*. Paris: Corti, 1969.

Rovelli, Carlo. *Sept brèves leçons de physique*. Paris: Odile Jacob, 2015.

Roy, Bruno. Archéologie de l'amour courtois: Note sur les miroirs d'ivoire. In: *Miroirs et jeux de miroirs dans la littérature médiévale* [en ligne]. Rennes: Presses universitaires de Rennes, 2003. Disponível em: <http://books.openedition.org/pur/31896>. Acesso em: maio 2025.

Salles, Cecília. Arquivos, genealogias e criação. In: Martinelli, Paula; Colapietro, Vincent (org.). Cecília Salles e a construção de uma teoria contemporânea. São Paulo: Gênio Criador; Vitória: EDUFES, 2024.

Sapiro, Gisèle. *Peut-on dissocier l'œuvre de l'auteur ?* Paris: Seuil, 2022. Disponível em: <https://legrandcontinent.eu/fr/2022/04/27/peut-on-dissocier-loeuvre-de-lauteur-une-conversation-avec-gisele-sapiro>. Acesso em: maio 2025.

Saramago, José. O autor como narrador. *Revista Ler*, n. 38, Primavera/Verão 1997.

Saussure, Ferdinand de. *De l'essence double du langage* (1891). Genève: Archives de Ferdinand de Saussure, 372bis.

_____. *Écrits de linguistique générale*. Paris: Gallimard, 2002.

_____. *Cahiers Ferdinand de Saussure*. Genève: Droz.

_____. Ms. fr.: cote de la Bibliothèque publique et universitaire de Genève.

Schiffman, Richard. As árvores-mãe são inteligentes: elas aprendem e lembram. *Scientific American Brasil*, 06 maio 2021. Disponível em: <https://sciam.com.br/arvores-mae-sao-inteligentes-elas-aprendem-e-lembram/>. Acesso em: maio 2025.

Sedgwick, Eve Kosofsky. *Épistémologie du placard*. Paris: Amsterdam, 2008.

Silveira, Eliane. *A aventura de Saussure*. Tese (Professora Titular) — Universidade Federal de Uberlândia, 2021. Disponível em: <https://repositorio.ufu.br/bitstream/123456789/32755/1/AventuraDeSaussure.pdf.> Acesso em: maio 2025.

Simard, Suzanne. *Finding the Mother Tree: Discovering the Wisdom of the Forest*. TED Summit, 2016. Disponível em: <https://www.ted.com/talks/suzanne_simard_how_trees_talk_to_each_other. Acesso em: maio 2025>.

Simenon, Georges. Roman: la méthode Simenon. Disponível em: <https://csaintonge.wordpress.com/2013/03/16/roman-la-methode-simenon>. Acesso em: maio 2025.

Singer, Isaac Bashevis. *Le miroir*. Paris: Denoël, 1993.

Schlesser, Thomas. *Les yeux de Mona*. Paris: Albin, 2024.

Slimani, Leïla. *Le pays des Autres*. Paris: Gallimard, 2020.

Sloterdijk, Peter. *Globes, Sphères II*. Paris: Fayard, 2010.

_____. *Le palais de cristal*. Paris: Fayard, 2011.

_____. *Tu dois changer ta vie*. Paris: Fayard, 2015.

Soares, Mateo. *Gênesis*. São Paulo: Paulinas, 1955.

Sófocles. *Antigone*. Tradução de Paul Mazon. Paris: Gallimard, 1962.

Stefánsson, Jón Kalman. *Ton absence n'est que ténèbres*. Paris: Grasset, 2022.

Stoloff, Jean-Claude. Le père en psychanalyse: entre "phylogenèse" et ontogenèse. *Revue française de psychanalyse*, Paris: PUF, 2013. Disponível em: <https://www.cairn.info/revue-francaise-de-psychanalyse-2013-5-page-1480.htm>. Acesso em: maio 2025.

Tallent, Gabriel. *My absolute darling*. Paris: Gallmeister, 2018.

Tesnière, Lucien. *Eléments de Syntaxe Structurale*. Paris: Klincksieck, 1959.

Reybrouck, David Van. *Congo*. Aix-en-Provence: Actes Sud, 2021.

Viveros, Edval Rodrigues de.; Camargo, Eder Pires de. Deficiência visual e educação científica: orientações didáticas com um aporte na neurociência cognitiva e teoria dos campos conceituais. *GÓNDOLA*, v. 6, n. 2, dez. 2011.

Vivès, Jean-Michel. *Leurre et trompe-l'œil dans l'art et la psychanalyse*. Groupe Niçois de psychanalyse lacanienne (GNIPL), 2007. Disponível em: <https://www.gnipl.fr/pdf_actes_sem4/Leurre%20et%20trompe-l%E2%80%99oeil%20dans%20l%E2%80%99art%20et%20la%20psychanalyse%20%20Jean-Michel%20Vives.pdf>. Acesso em: maio 2025.

Voragine, Jacques de. *La Légende dorée*. Tradução do latim por Teodor de Wyzewa. Paris: Seuil, 1998.

Wessenbach, Jean. O peixe que nos ensina sobre a evolução humana. Disponível em: <https://www.futura-sciences.com/planete/actualites/zoologie-tetraodon-poisson-nous-renseigne-evolution-humaine-4635/>. Acesso em: maio 2025.

Willemart, Philippe. *Bastidores da criação literária*. São Paulo: Iluminuras, 1999.

_____. *Proust, poeta e psicanalista*. São Paulo: Ateliê, 2000.

_____. *Crítica genética e psicanálise*. São Paulo: Perspectiva, 2005.

_____. *A educação sentimental em Proust*. São Paulo: Ateliê, 2006.

_____. *Psicanálise e teoria literária*. São Paulo: Perspectiva, 2015.

_____. *A escritura na era da indeterminação*. São Paulo: Perspectiva, 2019.

_____. *A escritura pela rasura*. São Paulo: Perspectiva, 2022.

Wollheben, Peter. *A vida secreta das árvores*. Tradução de Petê Ressati. São Paulo: Sextante, 2017.

Zular, Roberto. Por uma antropologia da escritura: crítica genética e pensamento antropológico. In: WILLEMART, Philippe (Org.). *A escritura pela rasura*. São Paulo: Perspectiva, 2022.

Yourcenar, Marguerite. *Mémoires d'Hadrien*. Paris: Gallimard, 1974.

Índice de autores e conceitos

A

acrobata: 69, 72, 73, 98, 100, 102, 110, 112, 145
Alavoine, Bernard: 76, 149
algoritmo: 65, 66, 67, 72, 91, 96, 103
alíngua: 143
Almodóvar: 149
amor: 29, 85, 86, 102, 110, 153
anagrama: 35, 134
analista: 141
Andrade, Jorge: 71, 152
Andrade, Mário de: 52, 149
Ansermet, François: 32, 149
antropoceno: 12, 24, 26
arte: 20, 35, 50, 68, 72, 73, 75, 77, 79, 86, 87, 96, 102, 105, 106, 107, 110, 111, 119, 129, 130, 131, 132, 146, 147, 154
artista: 18, 25, 33, 39, 43, 44, 69, 70, 72, 73, 74, 76, 77, 98, 102, 105, 106, 107, 108, 109, 110, 112, 113, 131, 145, 147
árvore: 26, 30, 86, 106, 117, 118, 120, 121, 124, 127, 130, 132, 152
Aspect, Alain: 149
astrofísica: 36, 39, 44
Aubert, Nathalie: 149
auto-organização: 96

B

Barthes, Roland: 149
Bauchau, Henry: 24, 36, 39, 56, 59, 60, 68, 89, 90, 98, 112, 145, 149
belo: 117
Benhaïm, David: 149
Borges, Jorge Luis: 35, 149
Bouysse, Franck: 149
Braunstein, Nestor: 84, 149
Bravo, Federico: 84, 133, 134, 137, 141, 146, 149
Bridet, Guillaume: 40, 149
Broch, Herman: 88, 149
Burniat, Mathieu: 150

C

Cabrol, Nathalie: 149
Cáceres, André: 149
caderno: 24, 61, 74, 89, 101
Calil, Eduardo: 58, 149
Camargo, Eder Pires de: 154
Camus, Albert: 49, 150
caos: 36, 52, 102, 127, 136, 152
Carrière, Jean-Claude: 150
causa: 52, 78, 107, 119, 131, 152
cérebro: 23, 24, 25, 30, 65, 66, 67, 68, 72, 75, 80, 81, 82, 83, 90, 95, 96, 97, 98, 100, 103, 104, 106, 121, 122, 123, 124, 125, 126, 127, 129, 134, 135, 136, 147, 149, 150
Chamana, Roland: 62, 150
Chéreau, Danye: 150
Chiche, Sarah: 150
coisa: 51, 112
Connes, Alain: 44, 150
consciência: 23, 29, 30, 31, 75, 84, 123, 125, 146
Conti, Mario Sergio: 124, 150
Crémieux, Bernard: 60, 150
criação: 18, 19, 25, 26, 31, 33, 42, 57, 58, 59, 60, 70, 74, 77, 97, 110, 131, 154
crítica: 39, 58
crítica genética: 24, 40, 74, 89
cultura: 43, 67, 98, 100, 113, 151, 153
Cyrulnik, Boris: 25, 66, 75, 100, 105, 150

D

Damour, Thibaut: 150
Dawkins, Richard: 69, 103, 110, 145, 150
Dehaene, Stanislas: 66, 67, 68, 79, 80, 81, 82, 83, 92, 95, 134, 136, 140, 141, 146, 147, 150
Deleuze, Gilles: 150
Descombes, Vincent: 87, 124, 150
desejo: 35, 50, 51, 53, 55, 59, 62, 69, 72, 87, 88, 91, 109, 125, 126, 127, 129, 135
determinismo: 25
deuses: 44, 45, 69, 72

Diamanka, Souleymaine: 25, 63, 64, 70, 85, 86, 87, 88, 150
Dieudonné, Adeline: 85, 150
Di Rocco, Vincent: 150
Dixmier, Jacques: 150
dor: 107
Dumas, Alexandre: 150

E

Edelman, M. Gerald: 30, 31, 107, 121, 124, 125, 126, 127, 134, 137, 146, 150
ego: 31
enunciação: 35, 142
escritor: 40, 43, 45, 47, 48, 56, 57, 58, 59, 61, 62, 63, 65, 66, 70, 72, 77, 78, 83, 84, 85, 88, 89, 90, 91, 102, 103, 104, 105, 106, 107, 108, 109, 110, 111, 112, 113, 135
escritura: 18, 19, 20, 23, 24, 26, 30, 32, 36, 37, 40, 42, 48, 59, 61, 62, 63, 64, 65, 67, 68, 75, 76, 77, 80, 81, 82, 84, 88, 89, 91, 98, 101, 102, 103, 104, 106, 110, 111, 112, 125, 127, 131, 132, 143, 146, 147, 154
escultor: 112
esfera: 18, 25, 34, 36, 37, 38, 39, 40, 41, 42, 57, 61, 63, 129
estilo: 25, 65, 71, 72, 88, 103, 110, 152
estrela: 70, 111
estruturas dissipativas: 96, 98, 106
ética: 104, 151
étoile: 26, 29, 30, 145
existência: 19, 30, 33, 34, 35, 38, 39, 45, 51, 56, 58, 66, 70, 73, 82, 85, 97, 104, 117, 119, 123, 125, 131, 143, 146

F

falta: 43, 46, 90, 106, 107
fantasia: 17
Ferrara, Virgine: 150
Flusser, Vilém: 38, 52, 150
Foucault, Michel: 74, 150
Freud, Sigmund: 29, 30, 37, 42, 43, 51, 107, 122, 127, 128, 134, 150

G

Garrigou-Lagrange: 151
gênese: 23, 24, 26
gozo: 32

H

Haddad, Shane: 62, 151
hasard: 146
Hatten, Lambert (personagem): 101, 106, 146
Hudson, Nancy: 88, 151
humor: 55

I

identificação: 61, 106
ignorância: 41
Imaginário: 58
inconsciente: 31, 35, 39, 42, 43, 50, 58, 59, 62, 72, 73, 75, 84, 87, 102, 123, 127, 128, 135, 136, 142, 143, 152
interpretação: 87, 130
isso: 51, 52, 55, 63, 69, 77, 84, 92, 95, 100, 105, 107, 108, 110, 112, 121, 122, 126, 128, 135, 136, 137, 141

J

Jaspers, Karl: 98, 100, 151
jornal: 110
Joyce, James: 84, 151
Juncker, Filomena: 30, 76, 151

K

Kaddour, Hédi: 85, 87, 88, 151
Kaufmanner, Henri: 151
Kristeva, Julia: 61, 151

L

Lacan, Jacques: 30, 31, 37, 40, 42, 43, 44, 62, 72, 73, 84, 107, 108, 110, 111, 112, 123, 125, 128, 140, 141, 142, 143, 151
lalangue: 20
Latour, Bruno: 117, 151
Leal, Rayssa: 113, 151
Le Cun, Yann: 66, 67, 151
Le Guin, Ursula K.: 151
lei: 87
libido: 51
literatura: 18, 19, 32, 39, 45, 46, 47, 56, 69, 76, 124, 130, 143, 147, 153

M

mãe: 21, 31
Magistretti, Pierre: 32, 149
Mallarmé, Stéphane: 18, 34, 35, 58, 76, 151
Maniglier, Patrice: 135, 137, 140, 143, 151
manque: 146
manuscrito: 27, 35, 38, 42, 44, 58, 59, 65,
77, 88, 89, 90, 91, 130, 131, 133, 137, 139
Marchetto: 151
Mauro, Fillipe: 71, 152
Maxiscience: 152
Melville, Herman: 152
memória: 26, 30, 61, 65, 70, 85, 107, 115,
117, 118, 119, 120, 121, 122, 123, 124,
125, 126, 127, 129, 130, 131, 132, 134,
135, 136, 137
memória involuntária: 70, 85, 127
metáfora: 24, 35, 42, 50, 99, 103
metonímia: 131
Miller, Jacques-Alain: 62, 63, 123, 125, 152
mito: 29, 90
Mombert, Sarah: 152
morte: 44, 46, 49, 51, 52, 55, 60, 61, 69, 108,
109, 111, 127, 145
Moscovici, Marie: 122, 146, 152
música: 58, 103

N

Navarre, Marguerite de: 111, 152
Nicolelis, Miguel: 30, 95, 96, 97, 98, 140, 152
Nietzsche, Friedrich: 25, 45, 69, 70, 72, 73,
76, 99, 104, 145, 152
Noailly, Michèle: 102, 103, 152

P

paixão: 59, 86, 113
Patino, Bruno: 152
Paulesu: 81, 152
pensamento: 18, 19, 20, 23, 56, 59, 60, 63,
79, 83, 86, 88, 98, 101, 105, 125, 128,
133, 136, 137
Phillips, Adam: 51, 91, 152
planeta: 23, 24, 30, 31, 42, 118
poeta: 25, 39, 51, 117
Porge, Érik: 141, 152
Powers, Richard: 19, 23, 26, 30, 117, 118,
119, 129, 132, 133, 152

prazer: 32, 52, 77, 87, 91, 111, 127, 129
Prigogine, Ilya: 96, 98, 152
Proust, Marcel: 20, 24, 31, 36, 39, 48, 49,
52, 60, 61, 68, 70, 71, 76, 77, 79, 84, 88,
90, 92, 96, 98, 101, 103, 108, 113, 119,
128, 129, 131, 145, 147, 150, 152, 154
psicanálise: 72, 73, 84, 106, 122, 149, 150,
151, 154
pulsão: 33

Q

Quignard, Pascal: 25, 84, 86, 87, 88, 101,
104, 106, 107, 108, 126, 127, 146, 147, 152

R

Rahimi, Atiq: 88, 153
rasura: 20, 36, 58, 62, 74, 84, 91, 110, 135,
136
real: 19, 33, 59, 61, 62, 90, 91
Reeves, Hubert: 50, 153
religião: 35, 47, 48, 106, 107
repetição: 70, 104, 125, 136
Reybrouck, David Van: 85, 109, 118, 154
Ribeiro, Sidarta: 121, 124, 125, 126, 127,
134, 135, 146, 153
romance: 33, 69, 146
Rousset, Jean: 60, 153
Rovelli, Carlo: 38, 143, 153
Roy, Bruno: 110, 153

S

saber: 50, 132, 150
Salles, Cecília: 153
Sapiro, Gisèle: 77, 153
Saramago, José: 76, 153
Saussure, Ferdinand de: 19, 35, 131, 133,
134, 135, 136, 137, 138, 139, 140, 141,
142, 143, 151, 153
savoir: 20, 29, 32, 33, 147
Schiffman, Richard: 120, 121, 153
Schlesser, Thomas: 154
scripteur: 32, 36, 37
scriptor: 37, 56, 59, 73, 76, 91, 102, 105, 143
Sedgwick, Eve Kosofsky: 153
Sibony, Daniel: 150

significante: 19, 51, 61, 62, 72, 90, 105, 115, 123, 124, 133, 134, 135, 137, 139, 140, 142, 143, 146

Silveira, Eliane: 133, 153

Simard, Suzanne: 117, 118, 121, 122, 153

simbólico: 62, 112

Simenon, Georges: 69, 76, 154

Singer, Isaac Bashevis: 85, 88, 154

sintoma: 26, 122, 130

Slimani, Leïla: 57, 154

Sloterdijk, Peter: 24, 25, 29, 30, 32, 33, 34, 35, 36, 37, 38, 39, 40, 41, 42, 43, 44, 45, 46, 47, 48, 50, 52, 55, 56, 69, 70, 71, 72, 73, 74, 75, 77, 78, 83, 97, 98, 99, 104, 106, 109, 110, 112, 114, 145, 147, 154

Soares, Mateo: 154

só depois: 123

Sófocles: 154

sonho: 59, 60, 61, 72, 73, 122, 135, 153

Stefánsson, Jón Kalman: 154

Stoloff, Jean-Claude: 122, 123, 154

sublimação: 107, 110

T

Tallent, Gabriel: 154

teatro: 56, 91, 150

tempo: 21, 23, 26, 31, 33, 35, 39, 40, 42, 46, 47, 49, 50, 51, 55, 58, 61, 62, 64, 67, 69, 70, 73, 74, 76, 84, 87, 90, 103, 104, 111, 117, 118, 119, 122, 127, 128, 129, 130, 134, 135, 136, 137, 145, 146, 151, 152

Terra: 18, 23, 24, 29, 30, 42

Tesnière, Lucien: 124, 140, 154

texto móvel: 91

transferência: 41, 43, 51, 108, 131, 149

V

Vandermersh, Bernard: 62, 150

verdade: 29, 44, 57, 59, 64, 70, 74, 75, 89, 121, 123, 127, 128, 131, 137

violência: 40

Viveros, Edval Rodrigues de: 154

Vivès, Jean-Michel: 154

Voragine, Jacques de: 34, 154

voz: 18, 20, 23, 39, 76, 91, 98, 117, 140, 145, 149

W

Willemart, Philippe: 5, 18, 19, 20, 23, 25, 31, 32, 58, 60, 61, 67, 72, 84, 91, 92, 96, 124, 154

Wollheben, Peter: 154

Y

Yourcenar, Marguerite: 88, 154

Z

Zular, Roberto: 7, 32, 33, 125, 147, 154

CADASTRO
ILUMI//URAS

Para receber informações
sobre nossos lançamentos e
promoções envie e-mail para:
cadastro@iluminuras.com.br

A *Iluminuras* dedica suas publicações à memória de sua sócia Beatriz
Costa [1957-2020] e a de seu pai Alcides Jorge Costa [1925-2016].